Clara Viebig „Mein Leben“
Autobiographische Skizzen

herausgegeben von Christel Aretz

Diese Anthologie wurde in Zusammenarbeit mit der Clara-Viebig-Gesellschaft e.V. Bad Bertrich verfasst.

MOSEL-EIFEL-VERLAG
HONTHEIM
Gassenflur 7 * 54538 Hontheim
Umschlaggestaltung: Manfred Aretz
Tel.: (02674) 91 09 12 * Fax: (02674) 91 09 13

ISBN 3-932838-08-4
Herstellung: Books on Demand GmbH

Christel Aretz (Hrsg.)

Clara Viebig

Mein Leben

Autobiographische Skizzen

Mit einem Vorwort von
Volker Neuhaus

MOSEL EIFEL VERLAG

Zum 50. Todestag von Clara Viebig

erscheint diese Anthologie. Todestagen zu gedenken, ist normalerweise keine sehr lebensbejahende Tätigkeit. Seit Jahrzehnten gibt es jedoch Ausnahmen. An Todestagen gedenkt die Welt gern der Menschen, die sie besonders schätzen und die in der Gegenwart „lebendig" bleiben sollen. Im Kampf um das Bewahren haben Bücher eine herausragende Rolle.

So ist der 50. Todestag von Clara Viebig Anlass, sie durch die Herausgabe dieser Anthologie zu würdigen, und sie einem größeren Leserkreis wieder bekannt zu machen.

Ihre Enkel, Susanne Bial und Reinhard Viebig, überreichten uns bei ihrem Besuch in Bad Bertrich eine Sammlung mit über 300 Zeitungsartikeln, die zum großen Teil Dokumente über ihre Großmutter enthielten. In einem Teil dieser Dokumente waren biografische Texte von Clara Viebig enthalten. Diese Selbstzeugnisse bildeten den Grundstock für diese Anthologie, die durch andere Dokumente vervollständigt wurde.

So entstand diese Sammlung, die ein umfangreiches Bild dieser großen deutschen Schriftstellerin vermittelt. In ihr erkennt man auch die mutige Gestalterin realistischer Frauenschicksale, die liebevolle Erzählerin von Eifel und Rheinland, die kritische Chronistin von Posen und Berlin und die jahrzehntelange Besucherin und Freundin von Bad Bertrich.

Hier in Bad Bertrich entstanden in Jahrzehnten viele Romane und Novellen der Schriftstellerin, so dass es nur logisch erscheint, sie in Bad Bertrich besonders zu ehren.

So wurde vor zehn Jahren in Bad Bertrich die Clara-Viebig-Gesellschaft gegründet, die sich zum Ziel gesetzt hat, ihre Werke durch Veröffentlichungen, Lesungen, Vorträge und Seminarveranstaltungen wieder bekannt zu machen. Ein Beitrag dazu ist die Förderung dieser Anthologie.

Ein herzliches Dankeschön allen, die zum Gelingen dieser Dokumentation beigetragen haben.

- Dies gilt besonders für Herrn Prof. Dr. Volker Neuhaus, der dankenswerter Weise das Vorwort zu dieser Dokumentation verfasst hat.
- Weiter gilt unser Dank Frau Prof. Dr. Helga Abret und Frau Studiendirektorin Maria Lenz für die Übersetzungen.
- Die Mitglieder der Clara-Viebig-Gesellschaft, Frau Irene Fritsch und Herr Hanns-Georg Salm, haben Bildmaterial zur Verfügung gestellt.
- Die Künstler Johann Baptist Lenz, Friedhelm Weber und Walter Wilde, haben durch ihre Arbeiten Clara Viebig gewürdigt. Die Abbildungen ihrer Arbeiten sind im Buch wiedergegeben.
- Ohne die uns von Susanne Bial und Reinhard Viebig zur Verfügung gestellten Unterlagen, wäre diese Sammlung nicht zustande gekommen.
- Die Kreisverwaltung Bernkastel-Wittlich hat die Herausgabe des Buches gefördert.

Manfred Aretz

Inhaltsverzeichnis

Zur Entstehung der Anthologie 5
Inhalts- und Bilderverzeichnis 7
Vorwort „Ballade des äußeren Lebens“ 11
Das Geburtshaus der Dichterin 23
Lebens-Abriss 27
Vom Weg meiner Jugend 37
Aus meiner Werkstatt 55
Der Tag des Kindes 61
Mein schönstes Weihnachten 65
Die Hausfrau 69
Meine Mutter 73
Land der Hoffnung 82
Clara Viebig über sich selbst 85
Wie, warum, für wen ich schreibe 101
Die weibliche Feder 103
Meine Arbeitsweise 107
Der Zeitungsroman 109
Das Briefeschreiben 110
Ich und die Zeitung 111
Dichterschmerzen 113
Nimm und lies! 115
Erinnerungen 121
Ich weiß selber kaum 129
West und Ost 131
Mein Eifelland 141
Eifelbilder 145
Heimatbilder 157
Meine Kindheit in Düsseldorf 165
Besuch bei Clara Viebig 183
Ganz nahe bei Berlin 189
Dichterin der Eifel 193
Alles kam 197

Rotwein und Geschreibsel 201
Über Polen 207
Das Haus einer großen Schriftstellerin 209
Clara Viebig und die Gmd. Manderfeld 213
Briefwechsel mit Clara Viebig 219
Zum Thema „Eifersucht" 222

Bilderverzeichnis

Bild der Bronze-Büste 9
Clara Viebig, ... 10, 127, 143, 155, 181, 187, 218
Linolschnitt von Walter Wilde 20
Clara Viebigs 90. Geburtstag 21, 112, 196
Zeitungsseite vom 25.6.1930 22
Das Geburtshaus in Trier 24
Familie Viebig-Cohn 26
Äquatortaufe Faksimile 35
Originaltitel „Vom Weg meiner Jugend" 36
Clara Viebig mit ihren Enkeln 64
Die Muter von Clara Viebig 72
Clara Viebig mit ihren Eltern 81
Clara Viebig am Schreibtisch 106
Manuskriptfragment 106
Dankbrief von Clara Viebig 120
Bild aus „La Revue" 128
Eisenschmittener Brunnen 130
Radierung Bad Bertrich 140
Die Burgen Manderscheids 144
Kalenderblatt von 1931 156
Hochwasser in Düsseldorf 164
Die Presse bei Clara Viebig 182
Clara Viebigs Wohnung in Mittelwalde 188
Clara Viebigs Vater 200
Haus Clara um 1900 und 2002 208
Skizze zu „Auf dem Rosengarten" 212

Diese Bronze-Büste schuf Friedhelm Weber aus Anlass des 50. Todestages am 31. Juli 2002.

Clara Viebig um 1900

Vorwort

Ballade des äußeren Lebens

Volker Neuhaus

Intimes preiszugeben war ihre Sache nicht. In den letzten Lebensjahren soll sie an einer Autobiographie geschrieben haben, von der 1950 zumindest einige Kapitel fertig waren, wenn man einem Zeitungsbericht zum 90. Geburtstag glauben darf (S.198). Zur Zeit müssen diese Lebenserinnerungen, ob Fragment oder abgeschlossen, zusammen mit dem gesamten Nachlaß als verschollen gelten. Hat sie, hätte Clara Viebig darin mehr preisgegeben als in den hier versammelten autobiographischen Schriften? Wohl kaum - alle hier versammelten Dokumente verraten im Grunde nur eines - eine unüberwindliche Scheu, ja geradezu Scham gegenüber dem Intimen, die einzelnen Schriften sind alles andere als Bruchstücke einer großen Konfession.

Entstanden sind sie fast alle aufgrund äußerer Anstöße, Anfragen, als Auftragsarbeiten in einer Zeit, die gerade bei einer schreibenden Frau hinter das Werk greifen und die Autorin beim Schopf packen wollte. In einem äußeren Sinne ergiebig sind die Zeugnisse deshalb schon - in epischer Breite berichtet sie von den Impressionen aus der Eifel, vom Düsseldorf der Kinderjahre, von Posen während der Ferienaufenthalte der Zwanzigjährigen, von der Freundschaft mit der Unteroffizierstochter, die in der Kaserne wohnt, von den Berichten und Erzählungen der Älteren, etwa der Mutter vom Kriegsausbruch 1870, von all dem, was ihr zum Stoff wurde für ihr reiches Werk. Zu diesem Werk und seinen einzelnen Teilen stellt sie immer wieder Verbindungen her, nennt Quellen und Veranlassungen, die dem Forscher wie dem Kenner und Liebhaber wertvoll sind.

Bei solchen Bezügen gibt Clara Viebig mehr preis als in allen autobiographischen Zeugnissen zusammen, wenn sie etwa vom Erstlingsroman „Rheinlandstöchter" bemerkt, „unbewusst in der Figur der Nelda Dallmer ein Selbstporträt gezeichnet" zu haben (S. 26). Wo sie direkt von sich spricht, erscheinen selbst ihr nahestehende Personen als Staffage für Zeiten und Räume. Einmal erfahren wir, dass der jüngere ihrer beiden Brüder seit einer Kinderkrankheit schwachsinnig war - weiß Gott ein prägendes Erlebnis für ein Kind, das sie aber ansonsten sorgsam als Geheimnis hütet. Der ältere Bruder erscheint blaß als ausrückender Kriegsteilnehmer von 1870/71 und als Führer, Gefährte und Begleiter auf den Spaziergängen und Wanderungen im Düsseldorfer Raum.

Noch blasser wirkt das Bild des Vaters, von dem wir nur erfahren, dass er nach dem Dienst auf der Behörde auch zu Hause noch Aktenstöße abzuarbeiten hat und sich dann, alt schon und überdies kränkelnd, erschöpft und fiebernd aufs Sofa legt. Verständnisvoller als die Mutter ist er allerdings, mehr ein Großvater als ein Vater. Noch für die Fünfundvierzigjährige ist es mit dem Bild vom würdevollen Vater nicht zu vereinigen, dass er bei Hochwasser gelegentlich in einen schwankenden Nachen steigen mußte, um sich aufs Regierungspräsidium rudern zu lassen (S. 165).

In jeder Hinsicht schärfer fällt das Bild der Mutter aus, die ebenfalls mit Vornamen Clara heißt. In

Umkehr zu Goethes berühmter Formulierung hat Clara Viebig nach eigenem Eingeständnis von ihr „des Lebens ernstes Führen" gelernt. Aufgewachsen ist die Mutter als Tochter eines Pfarrers für die deutschsprachige Minderheit im mehrheitlich katholisch-polnischen Posen auf einer Hungerpfarre im damaligen Westpreußen. Im Dorf gab es nur die polnisch geprägte Volksschule, für ein Pensionat oder nur die Unterbringung bei einer Gastfamilie in der Stadt reichte das Geld nicht; zum Besuch einer weiterführenden Schule mußte sie auf dem Karren einer Marktfrau frühmorgens in die Stadt rumpeln und abends zurückfahren. Mit den langen Zöpfen will sie sich bisweilen am Karren festgebunden haben, um bei einem plötzlichen Ruck nicht übermüdet vom Wagen zu fallen. Überdies stirbt der Vater früh, und aus den bescheidenen Verhältnissen wird bittere Armut. Da kommt der Heiratsantrag des ehrgeizigen erfolgreichen preußischen Beamten aus guter Familie gerade recht. Ernst Viebig ist ein bedeutender Mann - 1848 wird er für Posen in der Paulskirche sitzen - , wenn er auch erheblich älter ist - Effi Briest und Geerd von Innstetten grüßen von ferne.

Als ihr Mann stirbt, wiederholt sich für die ältere Clara der Schock aus ihrer Jugend. Wieder steht eine Familie ohne den Ernährer da, und die kleine Pension macht es ihr schwer, „nach außen und innen die Tradition der guten Jahre und einer behaglichen Existenz zu wahren" (S. 31). Wieder droht der Absturz in die Armut. Die Tochter, die der bildungsbürgerlich-pfarrhäuslich-pedantischen Enge entkommen will, überredet die Mutter, mit ihr nach Berlin zu ziehen, wo die jüngere Clara an der Hochschule für Musik Gesang studieren will. Konzertsängerin ist einer der wenigen Berufe, die einer höheren Tochter offenstehen. Eine Generation vorher hat bereits Eugenie John diesen Weg zu gehen versucht, und erst nach einem wohl nervlich bedingten Stimmverlust kann sie als „E.Marlitt" schriftstellernd den Unterhalt ihrer und später der Familie ihres Bruders sichern. Auch Clara Viebig soll der Mutter helfen, nach außen den bildungsbürgerlichen Schein zu wahren, durch massive Mitarbeit im Haushalt und später als Sängerin durch Honorare. Erst als sich ihre Stimme als zu klein erweist, versucht sie als Schriftstellerin Fuß zu fassen - gegen den heftigen Widerstand von Mutter, großem Bruder und Verwandtschaft, obwohl die Zeitschriftenhonorare als Beitrag zum Familienunterhalt durchaus willkommen sind.

Hinzu kommt eine uns Heutigen kaum noch vorstellbare Restriktion in der alltäglichen Lebensführung. Da eine ‚höhere Tochter' so gut wie keine Berufsmöglichkeiten hat, ist eine vorteilhafte Heirat, genau wie einst bei Clara sen., die einzige Daseinsperspektive, und dafür ist ein untadeliger ‚Ruf' conditio sine qua non - fast mehr noch als dessen körperliches Unterpfand. Die Mutter sei „nie aus dem engen Kreis herausgekommen, den Herkunft und Lebensstellung um sie gezogen hatten", schreibt Clara Viebig noch mit fünfundfünfzig Jahren (S. 37f.). Prallen der Tochter Wünsche nach Selbstverwirklichung und mütterliche Vorstellungen zusammen, muss stets die Tochter ihre „Wünsche über Bord werfen", ihrer „eisernen Disziplin" mußte sich auch noch „die große Tochter einfach fügen" (ebd.).

Was man in den schriftlichen Rückblicken auf ihr Leben ein wenig zwischen den Zeilen lesen muss, wird in Interviews weniger verschlüsselt und verschleiert, vor allem in der Spätzeit. Am 90. Geburtstag blickt sie mehr als ein halbes Jahrhundert zurück, wenn sie erzählt, welche Kämpfe mit Mutter und Familie es noch die Sechsunddreißigjährige (!) gekostet hat, ihren Verleger Cohn zu heiraten. Theodor Fontane, der Clara Viebig über ihm zugesandte Arbeitsproben kennengelernt hatte, soll als Vermittler tätig geworden sein und bei der Hochzeit die Tischrede gehalten haben (S. 201). Fritz Th. Cohn war damals als Teilhaber von Fontanes Sohn Friedrich auch der Verleger Theodor Fontanes. Wie Herbert Eulenberg berichtet, soll Clara Viebigs Gatte mit der berühmten Schlußzeile des Gedichts „An meinem Fünfundsiebzigsten" gemeint sein: Nachdem der gesamte preußische Adel, dessen Fahnenträger Fontane in Romanen, Gedichten und vor allem in seinen populären „Wanderungen durch die Mark Brandenburg" gewesen ist, fernbleibt und die Gratulationsliste fast nur jüdische Namen aufweist, heißt es resignierend „kommen Sie, Cohn" (S.70).

Auch vom Ehemann erfahren wir in Clara Viebigs Lebensrückblicken so gut wie nichts. Erwähnt wird er als „unentbehrlicher Helfer und Führer (S.184), und die ausführlichste Darstellung lautet (man beachte die Reihenfolge!): „Ich hatte einen ausgezeichneten Propagandisten und Fürsprecher in meinem Verleger gefunden, den ich heiratete und mit dem ich glücklich wurde" (S.193). Und keine Frau vor ihr hat jemals so offen und deutlich vom ersten Roman an in ihren Werken weibliche Sexualität gestaltet wie gerade die Frau, die ihre eigenen Gefühle bis ins sechsunddreißigste Lebensjahr unterdrücken mußte; und gerade sie wird, auch das erst sehr spät, mit siebenunddreißig Jahren zur ersten deutschen Schriftstellerin der Moderne.

So bleibt in diesem Buch der unterdrückten Gefühle, in ihrer „Ballade des äußeren Lebens" (H. von Hofmannsthal) am lebendigsten die - fast möchte man sagen: von Herzen gehasste - Mutter. Wenn die Siebzigjährige auf dem Höhepunkt ihres Erfolges sagt: „Man muß auf sich halten, auf sich halten! Das ist und bleibt mein oberster Grundsatz!" hört man die Mutter aus ihr sprechen (S. 183). Ihr eigenes wie das Leben ihrer Mutter fasst Clara Viebig im selben Spruch zusammen, im Hohen Lied des lutherischen Arbeitsethos aus dem 90. Psalm: Beider Leben „ist köstlich gewesen, denn es ist Mühe und Arbeit gewesen" (S. 27 und S. 29). Beigesetzt aber wurde Clara Viebig auf ihren ausdrücklichen Wunsch hin im Ehrengrab des Vaters in Düsseldorf, nicht neben der Mutter in Berlin, wo sie am 31. Juli 1952 gestorben ist.

Außer als Werkbiographie und als Sammlung einiger ihrer besten Prosaarbeiten, etwa im Text zu Fritz von Willes Eifelbildern oder in den Erinnerungen an die Düsseldorfer Kindheit, sind die hier vereinigten autobiographischen Zeugnisse auch noch für Clara Viebigs Stellung in der Literaturgeschichte von Bedeutung - wie sah die Autorin sie selbst? Wie fast alle Schriftsteller war sie in ihrer Jugend eine begeisterte Leserin, die Aktuelles und Vergessenes, Geduldetes und Verbotenes in sich hineinschlang (s. z.B.S. 37ff.,S. 107f.). Zum prägenden Erlebnis, in seinen Dimensionen fast der Heilung des Blindgeborenen durch Jesus vergleichbar, mit der Goethe einst die Wirkung seiner jugendlichen Shakespeare-Lektüre verglich, wurde ihr dann die Lektüre von Emile Zola, eines im wilhelminischen Deutschland unter allen Gesichtspunkten von „Erbfeind" bis „Unzucht" verfemten Autors. Bezeichnenderweise war es dessen Roman „Germinal", der der nicht mehr ganz jungen Clara Viebig zum Durchbruch zu sich selbst verhalf. Das Werk ist mit dem zwanzigbändigen Rougeon-Macquart-Zyklus nur locker verbunden und kein typischer Zolascher ‚roman experimental', der die naturalistische Grundthese von der geradezu schicksalhaften Prägung des Menschen durch Erbgut, Milieu und Zeitumstände lediglich illustrieren will. Es ist ein episches Meisterwerk ohne Helden im wörtlichen oder im dichterisch-technischen Sinn, aber auch ohne Schurken; es ist die zu packenden Bildern geronnene ratlose Erfahrung des Dichters bei seinen Studien im nordfranzösischen Kohlerevier. Dieses Meisterwerk machte sie nach eigenem Bekunden zur „sozialen Dichterin" (S. 27), zur Zolaschülerin „ohne Dogma". Ihre besten Romane sind wie Thackerays „ Vanity Fair" „novels without a hero", „Romane des Nebeneinander", wie eine Generation vor ihr Gutzkow seine Hauptwerke charakterisiert hatte. Dass sie dabei auf ihre frühen Erfahrungen an der Seite des Untersuchungsrichters Mathieu in der Eifel und ihre späteren Sommeraufenthalte in Posen zurückgriff, ließ sie eine Zeitlang unter der Flagge der „Heimatkunst" segeln, was sicher zu ihren frühen Erfolgen beigetragen hat - dazugehört hat sie nie. Für sie lag der Akzent dieses Kompositums immer auf „Kunst", wie sie selbstbewußt betont (S. 27). Das Antimoderne, das Irrationale, das Zivilisationsfeindliche, das Dumpfdeutsche der eigentlichen „Heimatkunst", etwa bei Gustav Frenssen, lag ihr völlig fern. In ihren Romanen ohne Helden, die in verdeckter Anspielung auf Julian Schmidts Motto zu Freytags „Soll und Haben" das Volk „am liebsten ... bei der Arbeit aufsuchen" (S. 27) führt sie die besten Traditionen des neunzehnten Jahrhunderts im zwanzigsten fort. Sie ist stolz darauf, dass ihre Berliner historischen Romane „die Entwicklung" der Stadt selbst „zum Gegenstand haben", „wenn auch die großen Persönlichkeiten, die die Geschichte gemacht haben, nicht handelnd oder redend darin auftreten" (S. 55). Sie selbst sieht darin selbstbewusst „eine Form des historischen Romans , die die Arbeit meiner Vorgänger auf diesem Gebiet, Alexis und Fontane, weiterbildet" (S. 55). Schließlich ist es ja aus der Vätergeneration Theodor Fontane, an den sich die junge Autorin um fachlichen Rat wendet.

Dieses Fortführen der besten Traditionen des neunzehnten Jahrhunderts im zwanzigsten läßt sie weltweit erfolgreich werden - Höhepunkt des Weltruhms ist der siebzigste Geburtstag, wie die Dokumentation „Clara Viebig im Spiegel der Presse" beweist. Um so jäher ist der Abstieg. Zwanzig Jahre später wird ein Interview mit der Feststellung eingeleitet, „die heutige Generation kenne kaum den Namen der großen Erzählerin" (S. 193). Von ihrem „Tod am 31. Juli 1952" habe „die Öffentlichkeit kaum Notiz" genommen, heißt es noch später (S. 201). Wie bei Jakob Wassermann oder lange auch bei Lion Feuchtwanger oder Alfred Döblin erweisen sich wieder einmal die zwölf Jahre (!) des Nationalsozialismus als verhängnisvolle Zäsur. Sie war als Autorin nicht verboten, nur unerwünscht - war sie doch ‚jüdisch versippt'. Clara Viebig-Cohn hatten die

Völkischen sie immer schon genüsslich genannt, wenn sie die Erfolgreiche bei ihresgleichen denunzieren wollten. Fritz Th. Cohn blieb durch seinen Tod 1937 das Schlimmste erspart, aber Clara Viebig verlor mit ihm nicht nur ihren Gatten, sondern auch ihren Verleger und ihren Verlag. Und nach diesen zwölf Jahren war sie eben „vergessen" - einzig in der SBZ wurde sie wieder verlegt, und die junge DDR rechnete sie zum progressiven ‚Erbe', was sie im Westen zusätzlich noch verdächtig machte. Die Erbin Zolas, Freytags und, vor allen anderen, Theodor Fontanes blieb im Abseits und profitierte auch nicht von der Wiederentdeckung des Expressionismus oder der Neuen Sachlichkeit. So gilt es immer noch, sie wiederzuentdecken - nicht als Vertreterin des Naturalismus oder sonst eines -ismus, sondern als hinreißende Vertreterin einer Erzählkunst, an der die deutsche Literaturgeschichte nicht gerade reich ist.

Linolschnitt von Walter Wilde
anlässlich des 140. Geburtstages am 31.7.2002

Clara Viebig an ihrem 90. Geburtstag

CLARA VIEBIG

70 JAHR ALT

Diese Seite veröffentlichten die
„Hamburger Nachrichten“ am 25.6.1930

Das Geburtshaus der Dichterin

Nach dem Taufregister der evangelischen Gemeinde in Trier wurde Clara Emma Amalie Viebig als drittes Kind (erstes Mädchen) des Oberregierungsrates Ernst Viebig am 17. Juli 1860 abends neun Uhr geboren. Am 16. August erfolgte die Haustaufe durch den damaligen Pfarrer und Konsistorialrat Eberhard Rudolf Spieß. Unter den Taufpaten befanden sich zwei Triererinnen, die Gattin des Regierungsrats Franz Wilhelm Ehrenthal und Frau Maria Ender, Gattin des Trierer Arztes Friedrich Gustav Ender.

In einem kleinen Beitrag „Meine Mutter" schrieb Clara Viebig: „Ich wurde geboren, als mein Vater als Oberregierungsrat im Jahre 1860 nach Trier an der Mosel versetzt worden war." Der Schriftstellerin ist hier ein Irrtum unterlaufen, wie dies bei Kindheitserinnerungen häufig vorkommt. Oberregierungsrat Ernst Viebig, Dirigent der Abteilung für die direkten Steuern der Domänen und Forsten, ist bereits in dem 1859 erschienenen „Adreßbuch der Stadt und Vororte Trier, auf Grund der amtlichen Bevölkerungsaufnahme vom 3. - 6. Dezember 1858" aufgeführt. Er ist demnach nicht erst 1860, sondern bereits 1858 von Sigmaringen (Hohenzollern) nach Trier versetzt worden. Vater und Mutter der Dichterin, die letztere eine Tochter des Pfarrers Langner in Schwersenz, stammten aus dem Posener Raum.

Da über das Geburtshaus Clara Viebigs verschiedene Auffassungen bestehen, schien es angebracht, der Frage nochmals nachzugehen. Dr. Emil Zenz schrieb 1952 im „Trierischen Volksfreund":

„Ihre Wiege stand im heutigen Simeonstift, das damals noch Wohnungen enthielt." Dieser Irrtum mag dadurch entstanden sein, dass die heutige Kutzbachstraße früher in ihrer ganzen Länge die Straßenbezeichnung „Simeonstift" trug.

Anlässlich des 70. Geburtstags Clara Viebigs am 17. Juli 1930 bemühte sich ein Berliner Verleger für eine beabsichtigte illustrierte Festschrift zu Ehren der Dichterin um eine Abbildung ihres Geburtshauses. Der damit beauftragte Trierer Photograph wusste zunächst das Haus

Das Geburtshaus in Trier

nicht ausfindig zu machen. Es war ihm nur bekannt, dass Clara Viebig in der Simeonstiftstraße geboren sei, und so blieb ihm nichts anderes übrig, als hier von Haus zu Haus nachzufragen. Von einem alten Trierer erfuhr er, dass das Haus Simeonstiftstraße (heute Kutzbachstraße) 10 das gesuchte sei. In der Tat wusste dieser alte Trierer Bescheid.

Das Geburtshaus in Trier

Das Adressbuch von 1858 verzeichnet in der Sektion II unter „Simeonstift" die Häuser Nr. 366 bis 385 und führt unter Nr. 382 auf „Viebig, Ernst Oberreg.-Rat." Diese Nummern fußen auf der neuen Häusernummerierung von 1851, nach der die Stadt in vier Sektionen eingeteilt wurde, deren Nummern innerhalb der Sektionen jeweils von 1 an durchgezählt wurden. Nach dem Stadtplan von 1856 trug das heutige Simeonstift die Nummern 383 bis 385, deren Bewohner das Adressbuch gleichfalls verzeichnet. Die Gebäudeteile Nr. 384 und 385 wurden bei der Restaurierung des Simeonstiftes abgerissen.

Das von Ernst Viebig bewohnte Haus Nr. 382 mit der Rückfront nach dem Thomasgässchen ist eindeutig das Haus Kutzbachstraße 10 am Simeonstiftplatz, in dem sich gegenwärtig die städtische Verkehrsabteilung befindet

Jedoch ist die Dichterin nicht im Schatten der ehrwürdigen Porta Nigra aufgewachsen. Nach dem Adressbuch von 1861 wohnte Oberreg.-Rat Ernst Viebig damals bereits in der Sektion II, Haus Nr. 136, heute Zuckerbergstraße 24, einem 1836 errichteten Neubau gegenüber der Einmündung der Synagogenstraße. Später verzog er nach der Olk (Sektion IV, Nr. 287 Q), wo er nach der Volkszählung vom 3.12.1867 aufgeführt wird. 1868 erfolgte seine Versetzung nach Düsseldorf.

Quelle: Dr. Hubert Schiel, Trierisches Jahrbuch 1956

Familie Viebig-Cohn

Lebens-Abriss

Ich wurde zu Trier in der Simeonsstiftstraße geboren, im sogenannten Simeonsstift, dicht an der Porta Nigra, jenem wunderbaren Denkmal altrömischer Baukunst. Es hat seines-gleichen in Deutschland nicht mehr. Die wie von Zyklopenhänden geschichteten mächtigen Quadern – schwarz, ganz schwarz sind sie durch das Alter geworden – stehen in merkwürdigem Gegensatz zu dem sonnenüberglänzten roten Sandstein der Berge und den grünen Reben der Moselstadt, die sich rühmt, dreizehn Jahrhunderte älter als Rom zu sein.

Mein Vater war ein Gutsbesitzerssohn aus der Provinz Posen, der auch meine Mutter entstammte. Er war, nachdem er dem Frankfurter Parlament als Abgeordneter der Stadt Posen angehört hatte, im Westen geblieben und vor meiner Geburt aus Sigmaringen, wohin er von Frankfurt aus versetzt worden war, an die Regierung nach Trier gekommen. An die ersten dort verlebten Kinderjahre habe ich wenig Erinnerung, doch sind auch die wohl unbewussten Eindrücke jener Jahre später in mir fruchtbar und lebendig geworden. Als Backfisch bin ich dann wieder aus Düsseldorf, wohin mein Vater gekommen war, nach meinem alten Trier zurückgekehrt. Hier sollte ich im Hause des Landgerichtsrats Matthieu, eines Freundes meiner Eltern, meine Bildung vervollkommnen. Inwieweit das geschah, wage ich nicht zu beurteilen. So vollendet, wie sie jetzt bei den jungen Mädchen ist, wird sie jedenfalls nicht gewesen sein. Aber der geliebte Onkel Matthieu, der als Untersuchungsrichter nicht nur in der Stadt, sondern auch in der zu seinem Bezirk gehörenden Eifel Tatbestandsaufnahmen zu machen hatte. Zeugenvernehmungen vorzunehmen, Obduktionen beizuwohnen, nahm mich mit auf diese kleinen Überlandfahrten. Und zweifellos hat dieser verstehende und verzeihende, von allen Vorurteilen freien Menschenfreund jenes Verständnis für die Menschen in mein Herz gelegt, das mich geführt hat, den Gründen nachzugehen, die aus so manchem unschuldigen Kind den späteren Schuldigen werden lassen. Er hat mir den Sinn aufgeschlossen für Leid und Freud des Volkes, dem nur mein Herz gehört, das ich verstehe, ob es auf dem Lande lebt oder in der Großstadt zu Hause ist. Durch den alten, in seiner Stellung bescheidenen, an äußeren Gütern auch recht bescheidenen Onkel Matthieu bin ich zur sozialen Dichterin geworden.

Ich hatte eine Schulkameradin, Josefine Rinke mit Namen, die als Feldwebelstochter in der Kaserne wohnte. Mein größtes Glück war, sie dort zu besuchen und mit den vielen Feldwebelskindern auf dem Kasernenhof herumzutollen. In der Erinnerung an sie nun habe ich die Gestalt gezeichnet, die die ganze Generation, die das Rheinland nach 1848 hervorbrachte, symbolisiert. Und zugleich ein Stück von mir selbst. Bin ich nicht selber, altpreußischen protestantischen Geblüts, im katholischen Lande geboren, von Rheinluft umweht und von rheinischer Sonne durchglüht, eine, die Ost und West des Reichs in sich vereinigt?

Schon in meinen „Rheinlandstöchtern“, die ich lange vor der „Wacht am Rhein“ als Anfängerin schrieb, ohne viel künstlerische Absichten, aus reiner Lust am Fabulieren, wohl auch vom Wunsch getrieben, mich von innerem Erleben zu befreien, habe ich unbewusst in der Figur der Nelda Dallmer ein Selbstporträt gezeichnet.

Drei Generationen von Frauen und Mädchen lesen nun schon diesen Roman, der den Typus der „höheren

Tochter“ einer Zeit festgehalten hat, die uns heut wie für immer versunken anmutet. Und doch, die Anziehungskraft, die Nelda Dallmer auch heute noch auf unverbildete, gesund empfindende Mädchen „aus guter Familie“, wie man einst zu sagen pflegte, ausübt, scheint mir dafür zu sprechen, dass der Kampf, den Nelda kämpft, auch heute noch nicht ausgekämpft ist. Ja, es will mir scheinen, dass das unbewusste Streben meiner Nelda fort aus den Banden der Konvention, unabhängig von Heiratsaussichten, auf eignen Füßen steht, sich, ihres Eigenwertes bewusst, freiwillig nur dem zu geben, den sie ihrer für wert hält, schließlich dasselbe ist, was das heutige junge Mädchen bewusst, gestützt auf Schlagworte der Zeit, auch will. Und was Nelda Dallmer gewollt hat, ich, ihre Schöpferin, habe es erreicht. Die Fesseln, in die veraltete Vorurteile die Beamtentochter schlugen, habe ich mutig genug zerbrochen. Ich bewog meine Mutter, nach meines Vaters Tode, mit mir nach Berlin zu ziehn, wo ich mich auf eigene Füße stellen wollte. Allerdings dachte ich damals noch nicht daran, dass ich Schriftstellerin werden könnte, ein Beruf, der so unbürgerlich für die Beamtentochter war, genau so unmöglich wie das Schauspielerinwerden. Nein, ich wollte auf der hiesigen Hochschule für Musik mich zur Konzertsängerin ausbilden. Ich habe mich selbst davon überzeugt, dass trotz allen Talents meine Stimmmittel zu großen Erfolgen doch nicht ausreichen würden. Gott sei Dank, dass ich mich einem inneren Zwang folgend, meiner andern Liebe, dem Schreiben zugewandt habe!

Was war das für ein Entsetzen bei Mutter, Bruder und Verwandten, als sie meinen Namen unter allen möglichen Geschichten in den Zeitungen entdeckten! Ihr Entsetzen hat mich nicht gehindert, mutig dem einmal betretenen Weg zu folgen.

Das Glück hat mir bei meinen Anfängen gelächelt. So unbedeutend und konventionell die auch waren, ich fand verständnisvolle Beurteiler, die doch hinter diesen Gleichgültigkeiten etwas entdeckten, was nicht alltäglich war.

In der Bewegung der Heimatkunst, die Anfang der neunziger Jahre zur Blüte kam, hatte ich als Dichterin der Eifel, die bis dahin ein noch völlig unbekanntes Gebiet war, meine eigene Note, meine unbestrittene Domäne. Aber nicht das Wort Heimat, sondern das Wort Kunst war für mich das Wesentliche.

Berlin, das bald nach unserer Übersiedlung vom Rhein in das Zeitalter Wilhelms II., in jene Ära eines überschnellen Emporwachsens zur Weltstadt eintrat, hat mächtig auf mich eingewirkt. Ein großer Teil meines Gesamtschaffens ist Berlin und seiner Entwicklung gewidmet. Ich muß wohl einen angeborenen historischen Sinn haben. Es leitete mich dazu, Berlins historische Entwicklung in Romanen festzuhalten, die ein umfassendes Bild von dem Werden dieser einzigen Stadt geben.

Vom Kartoffelkrieg 1848 an, mit dem der Roman „Das Eisen im Feuer“ beginnt, vom Eingang der siegreichen Truppen im Juni 1871, dem Auftakt in „Die vor den Toren“, über „Das tägliche Brot“ und seine Fortsetzung „ Eine Handvoll Erde“ bis zu dem Heimkrieg, den die Mütter, Töchter und Gattinnen in den Romanen „Töchter der Hekuba“ und „Das rote Meer“ ver-zweiflungsvoll durchkämpfen – sind das Gemälde einer Stadt, die ich immer da gesucht habe, wo ich sie am liebsten suchte: bei ihrer Arbeit. Und auch die Romane aus unseren

Tagen, der Roman der Ausgestoßenen „Die Passion“ und der der Unmündigen „Die mit den tausend Kindern“ sind Romane der rastlos schaffenden Großstadt, die Segen und Unheil in ihrem Schoße birgt.

In allem ist ein Stück eigenen Erlebens enthalten. Mit keiner meiner Gestalten habe ich mich je so eins gefühlt, wie mit der armen Mine aus dem „Täglichen Brot“ und der „Handvoll Erde“, die die Großstadt, in die sie, von Osten kommend, verschlagen wird, in sich erlebt.

Im bescheidenen Witwenhaushalt meiner Mutter, die mit der kleinen Pension immer doch nach außen und innen die Tradition der guten Jahre und einer behaglichen Existenz zu wahren verstand, musste ich schwer arbeiten. Meine Schriftstellerei, die vorerst nur sehr bescheidene Einkünfte zum Haushalt beisteuerte, wurde mehr als eine überflüssige Spielerei betrachtet, und es hat lange gedauert, bis meine gute Mutter sich durchrang zu einem Verständnis für die schweren Stunden des Ringens, die ich scheinbar tatenlos am Schreibtisch verträumte. Ich habe ja, streng erzogen und an eine Ordnung gewöhnt, die beinahe zur Pedanterie wurde, im Haus alle Arbeit verrichtet, die man früher von der erwachsenen Tochter als selbstverständlich verlangte.

Aber es gab, Gott sei Dank, jedes Jahr eine Ferienzeit für mich! Durch unsere Übersiedlung nach Berlin waren wir der Heimatprovinz meiner Eltern nähergerückt und unsern dortigen Verwandten. Sie saßen auf mehr oder weniger großen Rittergütern in verschiedenen Teilen der damaligen Provinz Posen. Wir bekamen Einladungen dorthin, und nun begann für mich durch eine lange Reihe von Jahren der wochen- und monatelange, glückselige Aufenthalt auf dem Lande.

Kleine Skizzen aus den östlichen Provinzen waren die ersten Früchte dieser langen Jahre meines Landlebens. Sie wurden sehr bekannt, da sie in Blättern gedruckt wurden, die damals in allen Händen waren, im „Simplizissimus" und in der „Jugend". Auch hier hatte ich Neuland entdeckt und konnte nun zu dem literarischen Denkmal, das ich in den Eifelgeschichten dem deutschen Westen gesetzt hatte, ein Gegenstück dem Osten geben. Und es gelang mir, in dem Roman „Das schlafende Heer" auch zur „Wacht am Rhein" ein Gegenstück zu schaffen. Ich glaube, in jedem Leser erweckt dieses Buch von neuem den Schmerz darüber, was wir im Osten verloren haben und warum wir es verlieren mussten.

Die Vision, die ich gehabt habe, ist leider Wahrheit geworden. Ich glaube sie beschwören zu können mit der Liebe zu dem Lande, die ich selbst fühlte, und die alle die hätten fühlen sollen, die zu einer Eindeutschung berufen waren. Der weiße Adler Polens hat seine Fänge ausgebreitet über das Land, das wir besaßen und nicht zu halten wußten. Viele deutsche Brüder und Schwestern leben und wirken nun unter fremden Herren. Werden diese Herren es besser verstehen, ihre Untertanen zu Freunden zu machen, als wir es verstanden haben?

Es war der letzte Roman, den ich noch in Berlin selbst schrieb. Dann aber erlaubten es mir die Erfolge meiner Bücher und der Umstand, daß ich, glücklich verheiratet, Verständnis für mein künstlerisches Schaffen und die Bedürfnisse meiner dichterischen Eigenart in meinem Manne fand, aus der Stadt selbst fortzuziehen in das Häuschen, das wir uns mitten in einem alten Garten im Vorort Zehlendorf gekauft haben.

Seitdem lebe ich dort, meiner Arbeit, meinem Garten und meinen Tieren. Eine lange Reihe von Romanen – und auch einige Theaterstücke – sind im

Laufe der 25 Jahre, die ich nun schon hier draußen wohne, entstanden. Mehr und mehr habe ich mich selbst zurückgezogen und gelernt, die Menschen nicht zu entbehren. Aber die Tiere würde ich sehr entbehren, wenn ich sie nicht täglich, stündlich um mich hätte.

Meine Tiere, meine Blumen und Bäume! Es blüht und duftet um mich von Rosen und Jasmin und Lindenblüten, die Obstbäume hängen mit Früchten gesegnet, schon röten sich die Kirchen und Johannisbeeren, bald werden meine Enkelkinder sie pflücken. Die lustigen Stimmen der Kleinen erfüllen oft Haus und Garten, und dann bin ich gar nichts anderes, nur Großmutter – Oma! Mit sorgendem Blick betrachte ich oft die Kinderchen. Was wird diese Zeit, die mich oft so fremd, so grausam dünkt, aus ihnen machen? Und ich denke an meine Mutter, die jetzt schon über 20 Jahre auf dem schattigen Zehlendorfer Friedhof so ruhig schlummert. Hat sie nicht auch über die veränderten Zeiten geklagt und sich nicht mehr zurechtfinden können in der Zeit ihrer Tochter?

Ich bin ja vorurteilslosen Geistes und bringe Verständnis auf für die Notwendigkeiten einer Entwicklung in einer Richtung, die anders ist, als die meine es war. Aber ich kann mich nicht dazu entschließen, alle alten Götter zu verbrennen und womöglich neuen Moden und Anschauungen nachzueifern, die meiner Natur nicht entsprechen. Das fände ich lächerlich. So wie ich geworden bin und nun dastehe, so muß ich sein. Niemals habe ich in meinem langen Leben anders gehandelt, als meine innerste Natur es mir eingegeben hat. Ob ich noch einmal dazu mich werde entschließen können, die Wandlungen der Zeit, wie sie sich mir darstellen, in einem Roman festzuhalten, weiß ich nicht. Vorläufig drängt es mich, die ich die Lehren der Geschichte für die Gegenwart sehr hoch einschätze, meine Kräfte an einem historischen Stoff zu erproben. Ich hoffe, für die Gestalt, die mich zu dichterischer Darstellung reizt, das Interesse meiner Hörer und Hörerinnen zu gewinnen. Ich hoffe, dass ich noch die Kraft habe, den großen Stoff zu bewältigen.

Aber für einige Wochen lege ich nun die Feder hin und nehme Abschied von meinen Berliner Freunden. Ich will in die Berge Tirols flüchten, an einen stillen Ort mit grünen Matten und dunklen Wäldern, auf die die Felsschroffen der Dolomiten herabgrüßen. Und wenn ich dort an dem Tage, an dem ich in die Siebzig trete, zurückblicke auf mein Leben, wie es mir bisher geschenkt wurde, so darf ich getrost, ohne mich zu überheben, mir gestehen, dass es köstlich gewesen ist, denn es war Mühe und Arbeit!

Quelle: Berliner Tageblatt v. 12.07.1930

Wir Neptun

Beherrscher aller Meere Flüße
Bäche Sümpfe und Moräste

geruhen hiermit die in allerhöchst Unserer Gegenwart
an Bord des „Cap Arcona" stattgefundene

Aequatortaufe

der Frau Clara Viebig

allergnädigst zu bestätigen. Nachdem d.. selbe vom
Schmutze der nördl. Halbkugel gereinigt und mit unserem geheiligten Linienwasser getauft wurde, erhielt
d.. selbe den Namen

Gegeben im Jahre des Heils 19.. am Tage des Monats

Neptun I.R.

Urkunde der Äquatortaufe Clara Viebigs auf Ihrer Überfahrt nach Brasilien zu ihrem Sohn

Originaltitelblatt

Vom Weg meiner Jugend

Wer hätte in seiner Jugend nicht Dramen verbrochen, Dramen und Gedichte?! Wir alle – ob Jüngling, ob Mädchen. Ich auch. Aber ein glücklicher Stern hat mich vor Eltern bewahrt, die in mir ein Talent, eine besondere Begabung sahen. Damals freilich mag's mich geschmerzt haben – ich weiß es jetzt nicht mehr genau – aber mir ist, als hätte ich zähneknirschend, die Faust im Sack, heiße Tränen vergossen, als mein Vater bei der großartigsten Stelle eines Dramas, das ich in der Rechenstunde unterm Pult, während der Lehrer sich verzweifelt mühte, uns in die Geheimnisse der Algebra einzuweihen, niedergeschrieben hatte, trocken sagte: „Bautz, da liegt er!"

O, dieses „Bautz, da liegt er!" Ich habe es nie vergessen. In alten Marquishosen meines großen Bruders, die er zu einer Maskerade getragen hatte, spielte ich den edlen Räuber, der das Fräulein aus dem Grafenschloß raubt, es wahnsinnig liebt, wahnsinnig wiedergeliebt wird, sich aber, als ihm die alte Zigeunermutter der Bande entdeckt, daß auch er ein geraubtes Grafenkind sei, und zwar gerade dieses Fräuleins Bruder, ohne Besinnen das Messer in die Brust stößt. Mit einem dumpf gegurgelten: „So leb' denn wohl!" stürzt er vornüber zu den Füßen der Angebeteten zusammen. Alle Glieder schlug ich mir beim jähen Fall, meine Nase berührte unsanft die Stiefelchen des holden Fräuleins, aber hätte sich auch meine Stirn an der Diele zerschmettert, ich hätte keinen Schmerz gefühlt; nur dieses „Bautz!" das ging mir durchs Herz wie ein wahrhaftiger Dolchstoß. Ich vermochte es nicht zu fassen, daß jemand so etwas sagen konnte, wo mir's doch so heiliger Ernst war.

Und doch, du guter Vater, was schulde ich dir nicht alles an Dank! Mit einer einzigen Bemerkung hast du mich aus verstiegenen Höhen heruntergeführt zur Wirklichkeit; die dünkte mir damals zwar platt, alltäglich, trivial, ganz und gar unpoetisch, und barg doch so viel wahre, echte Poesie unter ihrem schlichten Kleid. Man muß nur die richtigen Augen haben.

Alter Schwanenmarkt in Düsseldorf, eintöniges Viereck, um das eintönige Häuser stehen, alle sich gleich, alle gleich hellgetüncht, alle gleich hoch, alle mit drei Fenstern neben der Haustür und im Stockwerk darüber mit vieren, verzeih! Damals sah ich noch nicht, dass unter deinen Linden, die an verschwiegenen Sommerabenden mit ihren breiten Schatten kosende Mägde und ihre Schätze decken, die Poesie der rheinischen Stadt lustwandelt. Damals wußte ich noch nicht, dass übers gleichförmige Häuserkarree ebensoviel Sonnen-glanz und Mondesträume ausgegossen sind, ebensoviel der Entzückungen, der Wunder dahinziehen, wie über eine Zauberwelt.

Heinrich Heines Stadt - was wußte ich damals von Heinrich Heine! In der Schule hatte ich nichts von ihm gehört.

Aber es kam ein Tag, da fand die Zwölfjährige unter den Büchern der Mutter, die im guten Zimmer auf einer an der Wand hängenden kleinen Etagere standen, ein Buch, das war rot wie Blut, mit Passionsblumengerank auf dem Deckel und mit einem weißseidenen Bändchen als Lesezeichen. Und die Halbwüchsige schlug's Büchlein auf und steckte neugierig die Nase hinein: was Interessantes? O ja, etwas Interessantes: weit mehr als das! Sie vergaß, daß sie abstauben sollte, vergaß die so und so vielmal herum, die ihr die Mutter am Strickstrumpf aufgegeben hatte, vergaß das Klavierüben und die französische Übersetzung. Gott sei Dank, dass so selten jemand in die gute Stube kam!

Auf dem Tritt unterm Fenster kauerte ich, die langen Beine hochgezogen, die Hände um die Knie geschlungen; und auf diesen mageren Kinderknien lag das rote Buch. Ich las und las. Wie warmes, lebendiges Blut quoll es auf von dem roten Büchlein – es stieg mir zu Kopf, es quoll mir zu Herzen, jetzt stand mein Herz fast still vor Qual, jetzt hüpfte es wieder hoch empor vor Seligkeit. O, dieses „Buch der Lieder“ war etwas andres, als die Gedichte, die man in der Schule lernt! Was waren selbst Schillers Taucher, Freiligraths Blumenrache und Chamissos Löwenbraut hiergegen?! Hier war etwas ganz Neues, nie Gekanntes, nie Gefühltes, nicht einmal Geahntes! Das lebendige Leben mit seinen Freuden und seinem Weh, mit seinem Lieben und seinem Hassen klopfte bei mir an. Über die unberührte Seele stürzten die Empfindungen; die wand und krümmte sich unter der gewaltig einbrechenden Flut, fast wäre sie gern wieder losgekommen – es war ja manches so traurig, so schrecklich – aber, was war das doch so schön! Die Augen mussten lesen, lesen, wenn auch Tränen den Blick verdunkelten.

„Clara!“ Das klang wie die Posaune des Gerichts „Clara, wo bist du?!“

Zitternd fuhr die Missetäterin auf beim Ruf der Mutter zitternd stellte sie’s Büchlein an seinen Platz. Ja, das war keine passende Lektüre für ein Schulmädchen, das fühlte sie wohl – still, nur still, daß die Mutter nichts davon merkte!

Ich erinnere mich noch sehr genau, wie mir an jenem Abend zumute war, als ich das heimlich entwendete „Buch der Lieder“ in der Tasche mein Stübchen aufsuchte. Banger und doch seliger kann keinem Mädchen zumute sein, daß sich mit dem Geliebten das erste nächtliche Stelldichein gibt. So selig-bang war mir. Ich las im Bett beim Schein eines miserablen Lichtstümpfchens wieder und wieder diese Liebesgedichte, die auf die Jugend aller Zeiten einen so unbeschreiblichen Eindruck machen werden, eben weil sie selber so unbeschreiblich jung sind.

Wie im Traum ging ich die nächsten Tage umher, blaß, mit einem verwirrten Lächeln. „Was hat die Clara?“ fragte mein Vater. Ja, das sagt sie nicht! Sie hatte etwas ganz Besonderes, das trug sie in sich wie einen verborgenen Schatz. Anstatt gleich nach der Schule heim zu gehen, rannte ich jetzt in die Straße der Altstadt, wo Heinrich Heine einst geboren worden war, stellte mich da auf und gaffte die alten Giebelhäuser an: welches von den vielen war es? Noch zeigte keine Tafel den Namen „Heinrich Heine“, aber was tat's, die ganze alte Straße, die Luft, der Boden waren voll von ihm. Ich sehe den Rhein fließen vorbei am alten Schloß, darin der Schelm von Bergen den Reigen mit der schönen Fürstin schwingt – ich sehe die Stadt wie ein Nebelbild am Ufer des Stroms mit ihren Türmchen emporsteigen – ich höre die Glocken der Jesuitenkirche dahinten dröhnen und hallen, - Gebete murmeln, Wallfahrtslieder erklingen, sie ziehen aus nach Kevelaer, die Mutter und der Sohn mit in der Prozession – ich höre das Hündchen bellen und suche Hühnerhäuschen, darin die Kinder Verstecken im Stroh spie-len - dieses alle sehe, höre, fühle, erlebe ich. Ja, hier ist ein Dichter gegangen, und ich darf ihm nachgehen mit schüchternem Tritt! –

Ich habe dann mein heimliches Glück doch nicht allein für mich behalten können. Zuerst erzählte ich der Nachbars-tochter davon, und als diese hoch und heilig versprach, mich nicht zu verraten, las ich ihr an einem verschwiegenen Ort aus dem Buch der Lieder vor. Ich las mich in einen Rausch hinein, und auch sie wurde davon mitergriffen. Ob wir alles verstanden haben? Ich bezweifle es; aber etwas hatten wir sicher verstanden: die Musik der Verse, den köstlichen Wohllaut. Und ein Respekt kam mich an vor solchen Versen – wo solch ein Dichter gedichtet hatte, durfte da noch jemand andres dichten?!

Solcher Respekt hat mich mein Leben lang nicht verlassen. Ich habe immer eine ehrfürchtige Scheu vor der Kunst gehabt, so dass es lange lange gedauert hat, bis ich mich selber an sie herantraute. Die Jugend ist mir fast darüber hingestrichen. Denn was ich als junges Mädchen heimlich erdachte und niederschrieb, das ist auch heimlich geblieben; ich habe es zwar noch nicht verbrannt, es liegt ganz hinten in einem Fach meines Schreibtisches, aber ich lasse es niemanden lesen, und wenn ich selber einmal hineinblicke, dann klappe ich geschwind wieder zu und sage mir: doch gut, dass nicht alles gedruckt wird.

Der Vater hat es nicht mehr erlebt, dass die Tochter Schriftstellerin geworden ist. Ob er sich wohl darüber gefreut hätte? Er hatte einen freien Geist, einen Geist wie man ihn nicht allzu häufig in den engen Schranken preußischen Beamtentums findet; einen Geist, der stark war in einem schwachen Körper. Ich erinnerte mich meines Vaters nur als eines kranken Mannes; den hageren Körper ein wenig vorgeneigt, hatte er in den tiefliegenden blauen Augen unter der hohen Stirn ein Leuchten, das nicht mehr von dieser Welt war. Ein stiller und ernster Mann. Einen fröhlichen Vater habe ich nie gekannt, und doch hat dieser ernste Mann mit dem schneeweißen Haar sein gutes Kind so gut verstanden. Das beste meiner Kindheit waren die Stunden, die ich bei ihm verbringen durfte.

Dämmerung war's, die Akten waren abgetan, er hatte sich in dem kleinen Arbeitszimmer müde aufs Sofa gestreckt. Ich kauerte auf dem gestickten Teppich auf dem Sofa und hatte dem Vater beide Arme auf den Schoß gestreckt: „Erzähl' mir was!" Dann legte er die Offen-barung Johannes, in der er viel zu lesen pflegte, beiseite, und seine magere, ach, oft so heiße Hand auf meinem Haar ruhen lassend, sagte er zärtlich: „Mein Töchterchen! Erst erzähle du mir – was hast du heut getrieben?"

Wie hätte ich etwas verschweigen können?" Vor dem Blick dieser tiefen, blauen, entrückten Augen gab's kein Geheimnis. Und immer fand ich Verstehen, Verzeihung, eingehendste Liebe. Unter dem kaum fühlbaren Druck dieser mageren, trockenen, fiebernden Finger glättete sich mein oft gar wirres Denken. Und die kindische Unruhe eines jungen Herzens, das so hastig schlug, das so viel wollte – ach, viel zu viel! – ging unter im Frieden einer abgeklärten Resignation. Es mögen wohl Worte der Weisheit gewesen sein, die der weißhaarige Mann zu dem blonden Kinde gesprochen hat. Gescholten hat mich mein Vater nie; ich habe ihm alles gestanden, jede Unart, jeden trotzigen Gedanken, er hatte immer ein mildes Nicken dafür, und als ich ihm von Heine sprach, da hat er fein gelächelt: noch etwas früh mein Töchterchen! Aber der Vorteil ist größer als der Nachteil. „Lies du nur, lies!" Und das machte ich mir zunutze. Was half es, daß meine Mutter wehrte, daß sie schalt über die „ewige Leserei“, ich hatte den Vater zum Verbündeten.

Neben uns wohnte ein alter Mann, Herr Meuser, ein Kohlenhändler; ganz plötzlich auf einer Geschäftsreise hatte ihn der Schlag getroffen. Nun saß er finster und unbehilflich in seinem Sorgenstuhl, und all die vielen Bücher, die er sich in seinem Leben zusammengetragen hatte, bald hier, bald da – ohne Wahl – konnten ihm die Langeweile nicht vertreiben. Er war ja blind, blind; um ihn undurchdringliche Nacht.

„Kommst du mein Auge?“ fragte er erwartungsvoll, wenn die Tür leise knarrte und sein finsteres Gesicht hellte sich auf.

Ich war schon am Bücherschrank. Und dann las ich ihm vor, ohne Wahl, wie es gerade kam: Eugen Sue, Lord Lytton Bulwer, Flygare Carlèn und Honorè de Balzac, Walter Scott und Victor Hugo – Gott weiß was noch alles! In miserablen Übersetzungen, in einem Deutsch zum Erbarmen. Es stand viel Minderwertiges in diesem Bücherschrank; neben dem Guten das Schlechte, neben dem Schönen das Anstößige. Ich habe das Anstößige nicht gefühlt; mit eintöniger Kinderstimme schnatterte ich darüber hinweg. O, wie recht hat mein Vater gehabt! Das Lesen hat gewiß einen Nachteil, einen großen Nachteil, ich las mich fast krank, aber der Vorteil war doch noch größer.

Vom blinden Herrn Meuser her stammt meine erste Bekanntschaft mit der Weltliteratur und die setzte ich fort, als meine Eltern mich zu ihren Freunden, einem alten Ehepaar – Landgerichtsrat Mathieu – ein Jahr nach Trier wo sie vor Düsseldorf gelebt und wo ich geboren worden war, in Pension taten. Mein Vater wurde immer kränker, meine Mutter war immer bekümmerter um ihn bemüht, unser Haus war kein Haus mehr, in dem ein junges Leben sich sorglos entfalten konnte. Und sie wollten mir doch Sonne geben, die Sonne einer so unbekümmerten Lebensfreudigkeit, wie sie dem guten Onkel Mathieu aus jedem Fältchen seines humorvollen Gesichtes lachte, aus jedem schalkhaften Zucken seiner Mundwinkel blitzte. Wie sehr habe ich diesen Mann geliebt! Wenn ich jetzt durch die Straßen meiner alten Vaterstadt Trier schreite, ist es nicht die einst versunkene und wieder auferstandene Größe römischer Baudenkmäler, die mich mit einem Schauer der Ehrfurcht überrieselt; nicht die sanfte Lieblichkeit der blauen Mosel, nicht die malerischen Formen der roten Felsen, hinter denen die Eifelberge grünen, bewegen meine Seele – mein Herz ist hier weich und liebevoll, weil es an Onkel Mathieu denkt. Hier bin ich einst neben ihm hergeschlendert, hier sind wir Hand in Hand die Mosel entlang gewandert, hier sind wir in die Eifelberge hinaufgestiegen. Wie hat es mich oft gepackt da oben, damals als junges Ding, daß ich mich am grünen Rain niederwarf und laut jauchzte, so laut, daß die Einsamkeit wieder jauchzte! Noch sehe ich das eigentümliche Schmunzeln um den Mund des alten Herrn, wenn ich, vor Lust mich nicht zu lassen wissend, wie berauscht von Wein – ach, wir hatten doch gar keinen getrunken, nur Luft, Heimatluft, Moselluft, Eifelluft – mich stammelnd an seinen Hals warf: „Ich bin so glücklich!“

Diese Eindrücke sind die Keime für meine ersten Eifelgeschichten gewesen. Onkel Mathieu war Untersuchungsrichter; wenn er mit seinem Sekretär auszog, um Tatbestände aufzunehmen, um Obduktionen beizuwohnen, so zog ich mit aus, das heißt, man setzte mich in irgendeinem Wirtshaus ab und empfahl mich der Obhut der Frau Wirtin. Es dauerte oft lange, bis die Herren ihre Geschäfte erledigt hatten, aber mir wurde die Zeit nicht lang. Wirtinnen sind meist gesprächig, sie wissen zu erzählen; und ich wußte zu fragen.

In den kleinen Eifelgärten, wo wild durcheinander Unkraut und brennende Liebe, Kartoffeln und Sturmhut, Feuerlilien und Nachtschatten wuchern, hörte ich manche Geschichte von Liebe und Haß, von frommem Gelübde und verbrecherischer Schuld, von Wallfahrtswundern und gebrochener Treue, von Habgier, von Mißgunst. Wie draußen in der weiten Welt, so war's auch hier in der Einsamkeit. Nur das die Leidenschaften hier gewaltiger wachsen, sie wachsen ungezügelt, sie werden riesengroß.

Die Sonne prallte heiß aufs Hochland, das Blut stieg mir zu Kopf; nicht alles taugte für Mädchenohren und was die Zurückkehrenden erzählten – ich ließ ja keine Ruh, ich mußte es ja wissen, was der Richter in seinen Akten aufgezeichnet hatte – das war auch nicht gerade geeignet für ein Pensions-fräulein. Aber hat es mir geschadet? O nein! Ich bin dem Volk in seinem Denken und Empfinden nahegekommen. Ich bin wohl erschaudert beim derben Tritt, mit dem es die Erde stampft; niedergetreten wird vieles unter nägelbeschlagener Sohle, alles was schwach ist und lebensunkräftig. Erbarmungslos ist das Volk, hart, aber es kann auch lieben urkräftig, es folgt seinen Trieben unbefangen und schämt sich ihrer nicht.

Der gute Onkel hatte oft zu zügeln - das Derbe zog mich an, - aber ich merkte es an seinem Schmunzeln, von Herzen kam ihm solche Rüge nicht. Er gab mir zu lesen, viel zu lesen; Tieck und Brentano liebte er sehr, ich lernte sie auch lieben. Das Volkstümliche im „Blonden Ekbert" und in der „Ge-schichte vom braven Kasperl und dem schönen Annerl" fesselte mich.

Mein erster schriftstellerischer Versuch fällt in diese Zeit des sechzehnten Jahres. Longfellows „Hiawatha", den ich beim Onkel englisch gelesen hatte, übersetzte ich ihm metrisch zu seinem Geburtstag. Es war ihm eine große Genugtuung und mir keine große Mühe; wo die Übersetzung hingekommen ist, weiß ich Gott sei Dank nicht.

Heinrich von Kleist stand auf dem Ehrenplatz in Onkels Bibliothek, und wenn er mir auch nicht so süß einging wie der erste Teil des Faust, mich nicht so mit fortriß wie der Werther, so beschäftigten mich doch die Kleistschen Novellen, insonderheit Michael Kohlhaas, sehr lebhaft; wie mich denn überhaupt von jetzt ab Prosa immer mehr anzog als Verse. Für Schiller habe ich damals keine Neigung gehabt; es ist mir auch später schwer geworden, ein Verhältnis zu ihm zu finden. Ich weiß nicht, war er mir in der Schule verleidet worden, oder reizte mich das stete „Die Jugend muß Schiller lesen" zum Widerspruch? Oder sträubte sich etwas in meiner Natur gegen dieses beständige Heranziehen jener Götter, die in Marmor unter tiefem blau, umrauscht von Myrtenhainen, lebendiger wirken mögen: die mir aber unter unsrem deutschen Himmel tot, nackt, kalt, wie Puppen erschienen. Sie machten mir Schiller unangenehm; ich wurde ungerecht und habe fast darüber vergessen, dass er uns einen Tell geschenkt hat.

Der gute Onkel Mathieu ist längst dahingegangen, wenige Jahre nach meinem Vater habe ich auch ihn verloren, und mit ihm schwand die literarische Anregung aus meinem Leben. Meine Mutter las wenig, und was sie las, entsprach nicht meinem Geschmack. Sie, eine

Pastorentochter, sehr jung an den viel älteren hohen Beamten verheiratet, war nie aus dem engen Kreis herausgekommen, den Herkunft und Lebens-stellung um sie gezogen hatten. Wir waren oft uneins; sie gehörte noch ganz zum alten Schlag, sie hatte keine Ohren für den in unsrer modernen Zeit immer lauter und lauter werdenden Ruf: die Jugend muß sich ausleben. Für sie gab es noch kein Recht der Kinder, nur ein Recht der Eltern: das Recht, ihre Kinder ganz dem eignen Geschmack, den eignen Ideen nach zu erziehen. Es kam mir hart an, meine Wünsche und mein Wollen über Bord zu werfen; die Mutter war die stärkere, ich habe mich allezeit beugen müssen. In dieser zarten kleinen Frau, mit dem auch bei vorgeschrittenen Jahren noch mädchenhaft lieblichen Gesicht, steckte eine Kraft, eine Unbeugsamkeit, deren eiserne Disziplin die große Tochter sich einfach fügen musste. Erst in reiferen Jahren habe ich erkannt, was ich dieser seltenen Frau zu danken habe. Von ihrer Unermüdlichkeit, von ihrem Fleiß, ihrer Ordnungsliebe, ihrem Pflichtgefühl hat sie mir etwas mitgegeben; aber auch – was man vielleicht auf den ersten Blick nicht bei ihr gesucht haben würde – das Erzählertalent. Von meiner Mutter muß ich's haben, das ist gewiß; mein Vater war ein schweigsamer Mann, sie aber konnte beredt sein. Was sie mir von ihrer Heimat erzählte, der fernen Provinz Posen, die ich bis zu meinem zwanzigsten Jahre nur aus ihren Erzählungen kannte, wie sie die Christnacht schilderte in der alten Kirche zu Schwersenz, die Rosen und die Lilien im Pfarrgarten, die Besuche der großen Herren, die vierelang beim Geistlichen vorfahren, die schweren Tage der Pfarrfrau, die mit ihren unmündigen Kindern, plötzlich des Vaters, des Ernährers beraubt, in drückendsten Verhältnissen zurückblieb – das alles entbehrte nicht der poetischen Kraft. Und wenn sie dann von jenem Tage sprach, an dem sie, als junge Frau am Fenster stehend, zusah, wie drunten auf Karren und Leiterwagen die unglücklichen Soldaten vom Dorfe Buk her in die Stadt Posen gebracht wurden, mit abgeschnittenen Nasen und Ohren, verstümmelten Armen und Beinen, halb verblutet unter den Messern fanatischer Weiber, dann wuchs die polnische Revolution gewaltig vor mir auf. Ich hörte das Dengeln der Sensen, ich sah deren breites, blitzendes Blank sich blutig färben unterm Mähen der Sensenmänner, ich sah den weißen Falken fliegen auf rotem Panier und hörte das wahnwitzige Gebrüll der Menge:

„Noch ist Polen nicht verloren –
Niech zyje Polska!“

Das Jahr 1848 führte meine Eltern nach Frankfurt am Main; mein Vater saß im Parlament als Abgeordneter für Posen. Es gehörte schon in meinen Kindertagen zum hohen Genuß, wenn die Mutter sich bereit finden ließ, von Uhland und den Brüdern Grimm zu erzählen, von Robert Blum und Karl Vogt, von General Auerswald und dem schönen Fürsten Lichnowski, dem ritterlichen Elegant, der auf der Bornheimer Heide ein so klägliches Ende gefunden hat. Die lebten alle; mit allen kleinen und großen Schwächen, mit allen inneren und äußeren Vorzügen, mit allen Mängeln und allen Tugenden standen sie da.

Und was ist mir das Jahr 1870/71 durch meine Mutter geworden! Ein Ereignis, als hätte ich's schon mit vollem Ver-ständnis miterlebt. Sie hatte damals im Lazarett gepflegt; Franzosen und Preußen, Bayern und Pommern, Schwaben und Westfalen hatte sie leiden und genesen, aber auch leiden und sterben sehen. Auch ich bekam das alles zu sehen, dank der Freudigkeit, der Begeisterung, mit der die Mutter von jener großen Zeit sprach; dank der blühenden Farben, mit denen ihre anschauliche Kraft jene Bilder malte. Und später hat die Großmutter meines Knaben Träume bevölkert mit ihren Turkos und Zuaven, mit ihren Braven von Spichern, mit ihren Helden von Gravelotte, mit dem Bazaine in Metz und dem Napoleon bei Sedan. Und sie hat ihn aus dem Schlaf geweckt mit dem Läuten aller Glocken, mit dem Gesang der Schulkinder, die die Straßen der Stadt durchjubeln:

„Es braust ein Ruf wie Donnerhall,
Wie Schwertgeklirr und Wogenprall:
Zum Rhein, zum Rhein, zum deutschen Rhein!
Wer will des Stromes Hüter sein?“ –

Ich habe meiner Mutter den Roman „Die Wacht am Rhein“ gewidmet; ihr verdanke ich ihn ja und vielleicht verdanke ich ihr auch noch einen anderen – wenigstens die erste Anregung dazu „Das schlafende Heer“.

Mein Vater war Gutsbesitzerssohn aus dem Land des schlafenden Heeres; seine Vorfahren waren seit hundert Jahren, seit viel länger schon, dort angesessen, und es hatte einen eigenen Reiz, die Mutter vom alten Stammgut Rokitten erzählen zu hören, auf den der Schwiegervater die junge Frau des ältesten Sohnes recht als ein großer Herr empfing, mit ihr durch die Felder jagte und dem schönen Töchterchen stolz seine drei Güter wies: Rokitten, Rhyn und Golmütz. Wo sind die drei nun hin? Der alte Samuel Viebig, meines Vaters Großvater, der im hellblauen Frack unterm schlicht gescheitelten langen weißen Haar sehr energisch in unsrem Eßzimmer von der Wand blickt, würde wenig zufrieden sein, dass nur noch auf Rokitten ein Viebig sitzt. Er war der Mehrer der Güter, und wenn er den polnischen Herren, die es nicht anders taten als vierelang bei ihm vorzufahren, mit vier Ochsen den Besuch erwiderte, so war er auch alle Zeit ein Mehrer des Deutschtums; es wagte keiner zu mucken. Auch an dem Deutschtum in der Provinz würde der Alte jetzt seine Freude nicht haben. –

Als meine Mutter und ich nach Berlin zogen, um dort mein Talent für die Musik ausbilden zu lassen, wurde auch mir die Heimat der Eltern eine Heimat; durch dreizehn Sommer war ich auf den Gütern meiner Verwandten, teils im deutschen, teils im polnischen Teile der Provinz, ein monatelanger Gast.

Welche Vorurteile ich auch am Rhein gegen die Provinz in mich aufgenommen hatte, und so seltsam, so fremdartig mich auch zuerst diese endlosen Rüben- und Weizenfelder anmuteten, ich lernte doch bald, daß auch dieses Land des Ackerbaues, der Ebenen und der Seen seine Schönheiten hat. Diese unbegrenzte, sonnenflimmernde Weite, in der das Korn reift, ist schön; diese tauig-kühlen Nächte sind schön in denen es so köstlich ist unter der reichbesäeten Himmelsglocke dahinzufliegen. Die Pferdchen traben. So hoch, so groß und still wölbt sich das Sternenzelt.

Nichts hörte man als das Locken einer Wachtel im Korn und fern, fern im Dorf, dessen Lichtlein am Horizonte flimmern, das Dengeln einer Sense. Man hörte so weit in der großen Stille, das Ohr schärft sich, es gewöhnt sich den leisesten Laut aufzufangen. Und die Augen schärfen sich auch; der Blick wird sicherer, nicht nur jedes Kirchturmspitzlein über der blauen Linie des Kiefernwaldes späht er aus, jedes Rauchwölkchen, das einsamen Weilern entsteigt, er lernt auch das kleinste liebevoll sehen: die Spur des Hasen im sandigen Weg, das Nest des Zaunkönigs im struppigen Buschwerk. Der Fülle und Schwere der Ähren lernt er prü-fend achten, und wie dem Habicht entgeht auch ihm keines der winzigen Rebhühnchen, die hinter der Mutter her zierlich die Ackerfurche durchtrippeln.

Wenn ich jener unbegrenzten Weiten bedenke, durch die ich oft ganz allein mit den Ponies kutschiert bin, kommt mich eine Sehnsucht an nach dem mehligen Duft der sonnen-vergoldeten Ährenfelder; nach dem strengen Harzgeruch der blauenden Kiefernwälder, in denen die Räder langsam und lautlos durch sandige Wege mahlen; eine Sehnsucht nach dem demütigen Gruß fleißig schaffender Landleute. Wieder möchte ich mir das Ährensträußchen mit flatterndem Band von der knicksenden Marynka an die Brust heften lassen, mich „binden“ lassen vom lachenden Volk der Schnitter; wieder einmal die roten Röcke der Mägde, mohnblumengleich, im Tanze wirbeln und bei der Schafschur die rosige Haut des Lammes unter den fallenden Locken der Wolle aufschimmern sehen. Wieder krebsen am See beim Fackellicht, den dummen Gesellen, der, vom Schein angelockt, unterm Stein am Ufer hervorkriecht, flink mit zwei Fingern von oben packen und in den Sack auf dem Rücken schleudern; wieder im hohen Röhricht des Sees den Kahn festfahren, still dort die Angel auswerfen; die Spitzen des Schilfes im Winde sich neigen sehen, sich einlullen lassen vom lispelnden Flüsterhauch, vom verschlafenen Glucksen der Wellchen am Kiele des Boots. –

Was mir Berlin, das Häusermeer, mit seinen Steinen und Schloten, mit seinen Dünsten und seinem Staub, mit seinen Sorgen und Kümmernissen jahrsüber auf die Seele geladen hatte, das hat mir der Sommerhauch des Posener Landes allemal wieder heruntergeblasen; und ich bin neu geworden.

Sie waren nicht leicht, diese Berliner Jahre; es liegt viel Ringen in ihnen, inneres und äußeres, ein steter Kampf, viele Enttäuschungen und manches Leid, von dem man nicht spricht.

Die Musik war nicht das Feld, auf dem ich mehr als eine Dilettantin werden sollte; und doch, wäre mein Ohr durch sie nicht geschärft und geübt worden für Rhythmus und Harmonie, wer weiß, ob ich es je gelernt hätte, das Wort nach Klang und Wert, den Satz nach Melodie und Takt abzu-wägen. Es ist ein herrliches Instrument, unsre deutsche Sprache, aber die Finger müssen feinfühlig sein, das Ohr feinhörig, wenn es uns gelingen soll, darauf zu spielen.

Meine Gesangstudien waren beendet, aber Erfolg, volles Gelingen, Befriedigung haben sie mir nicht gebracht – Erfolg, das hieß vorerst: Verdienst. Denn ich sollte, wollte, mußte verdienen. Ein Teil unseres kleinen Kapitals war verloren gegangen, bei meiner Mutter meldete sich ein schweres Leiden; pekuniäre Sorgen, die grausam drückten und die doch für mich ein Segen waren, trieben mich dazu, neben den wenigen Musikstunden, die ich zu geben hatte, es mit ein paar kleinen Erzählungen zu versuchen. Sie gefielen; vielleicht weil sie so anspruchslos waren – freundliche Bilder, rheinische Jugenderinnerungen – vielleicht auch, weil es gute Menschen waren, die sie zuerst in die Finger bekamen. Vielleicht auch, weil ich selber nicht groß von ihnen dachte. Man sagt oft, man müsse Selbstbewusstsein haben, um es in der Kunst, um es überhaupt im Leben zu irgend etwas zu bringen; ich bezweifle das. Ich hatte zu meinem Glück kein Selbstbe-wusstsein, und ich weiß bestimmt, hätte ich es gehabt, so wäre ich da stehen geblieben, wo ich damals stand mit meinen kleinen rheinischen Skizzen.

Ich war wohl froh, ehrlich froh, Geld zu verdienen, aber ein Frohsein, bei dem die Seele sich freut, bei dem sie jauchzt, sich erhebt aus dem Alltag, solch ein Frohsein war das nicht. Unklar fühlte ich: das, was ich schrieb, war fernab von Literatur. Aber wie hin zu ihr kommen, wie sie erreichen, die wahrhafte, die einzige, die wirkliche Kunst?!

Da gab mir ein Freund Zola zu lesen. Er wußte wohl, was er unternahm, als er mir den Band in die Hand drückte, und hatte Bedenken: würde mir das auch wirklich gut tun? Er hoffte es; aber was er mir damit getan hat, das hat er freilich doch nicht geahnt:

„Germinal" wurde mir eine Offenbarung. Ich las es heimlich, meine Umgebung hätte durchaus keinen Gefallen an dieser Lektüre gefunden. Aber ich, aber ich! Ich fieberte, ich zitterte, ich war wie niedergedonnert; ein Blitz hatte mich hell durchfahren, ich lag zerschmettert, aber – jetzt sah ich. O diese Kraft, diese Größe, diese Glut der Farben, diese Gewalt der Sprache, diese Fülle der Gesichte, diese Leidenschaft der Gefühle! So muß man schreiben, so! Ohne Rücksicht, ohne Furcht, ohne scheues Bedenken. So, nur so kann man jene Leiter erklimmen, die steil und senkrecht zur Höhe der Literatur hinanführt.

Was Brutales da war, was des Zuviel bei Zola ist, sah ich damals noch nicht; ich bewunderte nur, staunte an ohne Kritik, mit fortgerissen von der gewaltigen Kraft dieses Riesen.

Und wenn ich hundert Jahre alt würde, ich würde den Tag dieses Eindrucks nie vergessen; er ist bestimmend für mich geworden: In den Winkel flogen die rheinischen Skizzen – nein, nein, nicht mehr so „wie früher“! Und wenn auch kein Mensch mehr etwas von mir drucken würde, und wenn meine Verwandten, meine Freunde sich auch beleidigt von mir wenden würden, und wenn ich verhungern sollte, ich würde von jetzt ab anders schreiben: ohne Phrasen, ohne Zierlichkeit, ohne Schönfärberei. Ganz nackt meinetwegen sollten die Gestalten dastehen, nur ehrlich, ehrlich! Ich war wie im Taumel; ich setzte mich hin und schrieb in zwei Tagen eine größere Erzählung: „Die Schuldige.“ Es war ein Stoff, den ich schon lange in mir herumgetragen hatte – ungeahnt – nun tauchte er plötzlich wieder auf; er stammte noch aus jener Zeit, als ich den Onkel Mathieu auf seinen Unter-suchungsreisen begleitete.

Keine Redaktion nahm „Die Schuldige“ an. Ich war wohl traurig darüber, aber ich schrieb doch so weiter. Und ich habe nie mehr so „wie früher“ geschrieben.

Quelle: Kürschners Bücherschatz, Hrsg. Hermann Hilger, Hermann Hilger Verlag, Berlin - Leipzig (wahrscheinlich 1916)

Aus meiner Werkstatt

Wir freuen uns, anlässlich des 70. Geburtstages Clara Viebigs, die bisher noch unveröffentlichte autobiographische Arbeit aus der Feder der Dichterin bringen zu können:

„Wie sollte ich heute, da ich aus meinem Leben erzählen will, wie Menschen und Umgebung auf mich und mein Talent eingewirkt haben, nicht vor allem meiner Vaterstadt gedenken, die eben von jahrelangem, mit größtem Heldenmut ertragenem Druck befreit, zum ersten Male seit Beendigung, nein, seit Beginn des Krieges aufatmen kann?! Ich habe mir just den schönsten Winkel des ganzen schönen Rheinlandes zum Geborenwerden ausgesucht. In Trier, unweit der „Poort", wie das Römertor im Volksmund heißt, stand meine Wiege; sie schaukelte im Takt der vielen frommen Glocken, die, ein beredtes Zeugnis der uralteingesessenen siegreichen Kirche, mit mächtigen Stimmen über die Mosel schallen. Dieser Klang hat früh Verständnis und Liebe zur anderen Konfession im Herzen des Kindes einzuprägen gewusst. Vater und Mutter stammten aus streng protestantischen Familien des fernen Osten; die Mutter aus einem Pastorenhaus im kleinen Landstädtchen Schwersenz, der Vater von einem Gut, das ein paar hundert Jahre im Besitz der Familie gewesen war. Als ältester Sohn des reichen Gutsbesitzers durfte er zu Berlin das Gymnasium zum Grauen Kloster, in dem ein paar Jahre später auch der Junker Bismarck von Schönhausen seine Schulbildung erlangen sollte, besuchen, um von dort die Rechte zu studieren. Den jungen Regierungsrat, der ein Jahr vorher geheiratet hatte, sandte dann die Stadt Posen in die Frank-furter Nationalversammlung. An dem Platz in der Paulskirche, der seinen Namen trägt, habe ich vor einigen Jahren gestanden und der Erzählungen aus jenen ereignisreichen Jahren gedacht, in denen meine Mutter, die als blutjunge Frau diese interessante Zeit miterlebte und so viele für Deutsch-lands Geschick wertvolle Männer, wie Eduard Simson, Karl Vogt, Heinrich Simon, Ludwig Uhland, Johann Jacoby, Auerswald, Lichnowsky, Kinkel und Mark und viele andere kennengelernt hat, unerschöpflich war.

Über Sigmaringen, wohin mein Vater nach Auflösung des Rumpfparlaments als preußischer Verwalter des kleinen Staatswesens versetzt wurde, kamen die Eltern nach Trier. Und hier an der sanftgleitenden Mosel, weltenfern dem rührigen Leben, in der Kleinstadt, beinah vormärzlichen Gepräges, vergingen meine ersten Kinderjahre, jene Jahre, die für jeden Menschen die eindrucksreichsten des ganzen Lebens sind.

Der Ruf als Oberregierungsrat in das damals schon elegante Düsseldorf führte meinen Vater mit seiner Familie, deren jüngstes Glied ich war, im Kriegsjahr 1866 aus der Stille in die große Welt. In Heinrich Heines Stadt, die aber von ihrem großen Sohn damals nicht viel wissen wollte, habe ich die Schule besucht, die übliche Höhere Töchterschule damaliger Zeit; etwas fremde Sprachen, etwas Literatur, etwas Kunst und die notwendigsten Kenntnisse in den Realfächern. Daneben die geliebte Musik, die mir von beiden Eltern her im Blut lag. Ich habe dieser Schule fürs Leben nicht viel zu danken gehabt; vielleicht das Beste, was sie mir gab, war die Erinnerung an eine Schulfreundin, Josefine Rinke, die Feldwebeltochter aus der Kasernenstraße. Bei Erwachen dieses Romans tauchte auf einmal die ganze Jugend mit ihren rheinischen Freuden, die alte Stadt, wie sie damals noch die Erinnerung an frühere Generationen bewahrte, vor meinem inneren Auge auf, und plötzlich stand der Roman vor mir, den ich der Stadt Düsseldorf gewidmet habe und der unter dem Titel „Die Wacht am Rhein“ Generationen von Lesern die Geschichte der Verschmelzung von Altpreußentum und rheinischem Wesen verständlich gemacht hat. Der Misserfolg, den die Versuche der Separatisten und anderer Elemente zur Abtrennung des Rheinlandes vom Reiche gehabt haben, ist der beste Beweis dafür, wie fest die Vermischung und Durchdringung beider Wesensheiten geblieben ist.

Aber mein Vater, in richtiger Erkenntnis, dass mit den Lehren der Luisenschule die Bildung seines Töchterchens nicht abgeschlossen sein konnte, sandte mich zu seinem Freunde, dem Landgerichtsrat Mathieu, der in Trier in kinderloser Ehe lebte, in Pension in meine Vaterstadt, die ich nun in ihrer ganzen Schönheit mit Bewußtsein in mich aufnahm. „Onkel Mathieu“, wie ich ihn nennen durfte, obgleich wir nicht verwandt waren, unternahm es nun gern und verstand es auch ausgezeichnet, die Bildungslücken seiner jungen Schutzbefohlenen auszufüllen. Er, der von Liebe zu Kunst und Wissenschaft erfüllt war, erschloß mir alle Schätze deutscher und ausländischer Literatur und Kunst, und darüber hinaus gab er mir Einblicke in das Leben, die viele Jahre später die Schriftstellerin in mir wecken sollten. Hier nämlich war es, wo ich zum ersten Male die „Kinder der Eifel“ kennenlernen sollte. Mathieu, Untersuchungs-richter des Kreisgerichts Trier, das den ganzen ländlichen Bezirk des zu Trier gehörenden Eifelteils umfaßte, und auf seinen vielen Dienstfahrten zu Tatbestandsaufnahmen, zu Verhören und Obduktionen nahm er mich mit. Viele meiner Novellen verdanken das

Stoffliche diesen ersten Jungmädchenfahrten zu den Schrecknissen des Lebens. Und wenn ich auch ohne jede Absicht und mit völliger Naivität damals alles auf mich wirken ließ, so ist, als ich die Dichterin der Eifel wurde, gar manches Erlebnis jener frühen Tage mir wieder lebendig geworden und Rohstoff zu künstlerischer Gestaltung.

Als mein Vater starb und ich immer mehr und mehr von dem inneren Trieb gedrängt wurde, meine Musikstudien zu künstlerischem Abschluß zu bringen, und da ich hoffte, mit meiner schönen Stimme und meinem Vortragstalent es zu einer guten Konzert- und Oratoriensängerin bringen zu kön-nen, bewog ich meine Mutter, mit mir nach Berlin zu übersiedeln. Hier besuchte ich die Hochschule und wurde Mitglied ihres à-capella-Chors. Meinen Lehrern Adolf Schulze und Max Stange verdanke ich viel künstlerische Anregung, aber vor allem die Erkenntnis, dass meine stimmlichen Mittel doch nicht ausreichten, um in der „holden Kunst“ Höchstes - und Geringes hat mich nie gelockt - zu erreichen. So fing ich denn an, mich nach andern Erwerbsmöglichkeiten umzusehen. Der Not gehorchend suchte ich die ersten schüchternen Schreibversuche meiner Backfischjahre hervor. Ein glücklicher Zufall brachte mich in Berührung mit Zeitungsleuten, und der unvergeßliche Rudolf Elcho, der noch als - Achtzigjähriger als eine schöne, imponierende Er-scheinung mir in der Erinnerung lebt, war es, der in dem von ihm geleiteten Feuilleton der „ Berliner Volkszeitung“ meine ersten Versuche - Märchen auf den Pfaden Andersens gepflückt - druckte und mich zu freierem Fluge ermunterte. Aber auch noch Jahre hindurch kroch ich am Boden, konventionelle kleine Sächelchen schreibend, bis zu jenem Augenblick, an dem mir ein wohlmeinender älterer Freund den ersten Roman Zolas - „Germinal" - in die Hand gab. Und von diesem Tage an, waren meine Augen aufgetan für das wirkliche Leben, die natürlichen schöpferischen Quellen meines Talents erschlossen sich, und ich schrieb meine erste Novelle: „Die Schuldige", die in dem Band „Kinder der Eifel" noch heute lebendig ist, und unter dem Titel „Barbara Holzer" mein erstes Bühnenstück wurde.

Seit jener Zeit bin ich als naturalistische Schriftstellerin, als Zolaschülerin abgestempelt. Und wenn ich auch in all den Jahren viele, viele Werke schrieb, die zwar den lebenswahren Realismus niemals verleugnen, und wenn ich mich auch niemals in, meiner Natur nicht entsprechende romantische oder irgendeiner anderen Zeitmode entgegenkommende, Experimente eingelassen habe, so bin ich doch im Lauf meiner Entwicklung weit abgerückt von dem einseitigen Dogmatismus Zolaischer Prinzipien und habe versucht, mit mehr oder weniger Glück jedem Stoff, der sich mir zur Gestaltung aufdrängte, die Form und die Stimmung zu geben, die ihm angemessen sind. So glaube ich zum Beispiel in dem Roman „Vom Müller-Hannes", der viele Jahre nach dem gewiß den Zolaischen Naturalismus nicht verleugnenden „Weiberdorf" erschien und auch im Milieu der Eifelbauern spielt, den Realismus übergoldet zu haben mit jener volksliedhaften Stimmung der Brunnen, die verschlafen rauschen in der linden Sommernacht.

Zu meinem Roman aus der Ostmark, der Heimat meiner Eltern, in die ich nun von Berlin aus zum ersten Male kam, und die die Rheinlandstochter zuerst unendlich fremd anmutete, habe ich den Stoff auch ganz unbewußt in mich aufgenommen. Nur als simpler Ferienbesuch bei den Verwand-ten erschien ich und genoß die harmlosen

Freuden des Landlebens. Als aber die Schriftstellerin in mir lebendig wurde, zeigte es sich, daß sie zwar schlummernd, aber mit tausend unerklärlichen Organen das Leben und Wesen jener Lande in sich gesogen hatte und nun damit wie mit sicherem Besitz zu schalten wußte. Sie wurden dichterische Dokumente der Zeitgeschichte.

Und auch meine Berliner Romane, die zu einem großen Mittelstück meines Gesamtwerks werden, in ihrer Zeiterfassung, von „Das Eisen im Feuer", „Die vor den Toren", „Das tägliche Brot", „Eine Handvoll Erde", hinweg über die Kriegsromane „Töchter der Hekuba" und „Das Rote Meer" bis zu den Romanen unserer Tage „Passion" und „Die mit den tausend Kindern", sind eine dichterische „Geschichte". Man kann sie, die die Entwicklung Berlins in einer bestimmten Zeitepoche zum Hintergrund, wenn nicht zum Gegenstand haben, wohl als „historisch" gelten lassen, wenn auch die großen Persönlichkeiten, die die Geschichte gemacht haben, nicht handelnd oder redend darin auftreten. Und wenn ich versucht habe, in der Heldin meines letzten Romans, in der „Charlotte von Weiß", die als Geheimrätin Ursinus eine traurige Berühmtheit unter den Verbrechern aller Zeiten gewonnen hat, eine wirkliche Persönlichkeit zu schildern, so glaube ich auch hier eine Form des historischen Romans gefunden zu haben, die die Arbeit meiner Vorgänger auf diesem Gebiet, Alexis und Fontane, weiter bildet.

Und wenn ich zum Schluss erzählen darf, was ich jetzt in meiner Werkstatt zu gestalten suche, so muss ich gestehen, dass es wieder ein historischer Stoff ist, der mich mächtig angezogen hat und dessen Gestaltung hoffentlich den Beweis erbringen wird, dass der nunmehr Siebzigjährigen Herz und Geist jung geblieben sind.

Quelle: St. Galler Tagblatt, 15.7.1930

Der Tag des Kindes

Die Adventsglocken haben gerufen den ganzen Monat Dezember schon – haben wir alle verstanden, was sie rufen? Jedes Läuten hat seinen besonderen Klang; es sind ja nicht tote Klöppel nur, die, mechanisch bewegt, an metallene Wände schlagen; es sind beseelte Stimmen, die vom Himmel herab aus Kirchtürmen zu uns niedersteigen, die uns singen und sagen von all dem, was der Menschheit Dasein durchbebt an Andacht und Feier, an Sehnsucht und Hoffnung, an Trauer und Freude. Und Freude, Freude künden uns die Adventsglocken. Man neige das Ohr, lausche ihnen, dann hört man's ganz deutlich heraus: „Ihr Kinderlein, kommet!" Das alte, einfältige Weihnachtslied! Unsere Vorfahren sangen es einst, wenn Advent sich nahte, wir sangen es, als wir klein und erwartungsfroh waren, und, will's Gott, unsere Kinder und Kindeskinder werden es auch noch singen. Ich wüßte kein passenderes, kein lieblicheres Lied für den Monat der Kinder. Denn das ist der Adventsmonat. Mit ihm tritt das Kind in sein Himmelreich.

Als ich noch ein ganz kleines Mädchen war – es ist leider schon lange her – stand ich, die frierenden Ärmchen in mein Schürzchen gewickelt, unten an unserer Treppe im eiskalten Flur und schaute die Stiege hinauf zum Oberstock, wo die Mutter geheimnisvoll schaffte in unsrer guten Stube, darin die roten Plüschmöbel standen und die Servante. Dort hielt sie das Fenster ein wenig offen, und das Christkind flog ein und aus. Das Christkind – ich kann mich nicht erinnern, dass ich je hätte den „Weihnachtsmann" nennen hören; der spielte nicht die führende Rolle wie heute. Jawohl, den St. Nikolaus, den kannten wir, dem man zum 6. Dezember den Pantoffel herausstellt, um nachts mit Herzklopfen im Bett zu lauschen: Kommt er jetzt – jetzt, steckt Pfefferkuchen in meinen Pantoffel?

Der Weihnachtsmann war damals nur Ruprecht, der Knecht, ein Knecht mit schlohweißem Bart und der Rute, der des Christkinds Eselein führt und die Straßen fein vorfegt und die Herzen der Kinder. Wir standen an der Treppe und sahen mit frommgläubigen Augen nach dem Christkinde aus. Wir hätten es nie gewagt, durchs Schlüsselloch zu gucken oder gar durch den Türspalt zu spähen, den Vater, der am Boden kniete und Spielsachen aufbaute, dabei zu entdecken und mit dieser Entdeckung uns selber um den schönsten Glauben zu bringen, den Glauben an eine Seligkeit, der keine andere im Leben mehr gleichkommt. Und wer hätte uns wohl zu Weihnachtseinkäufen mitgenommen?! Die Mutter nahm zu geheimen Gängen nur unsern Vater mit, und dann blieben die Eltern so lange, so geheimnisvoll lange, dass unsere Erwartung immer höher stieg: oh, wie viel hatte das Christkind für uns bereit, es erfüllte gewiss die geheimsten Wünsche!

Selige Zeit, so reich an Glauben und Poesie, wo bist du?! Bist du ganz verlorengegangen in dieser so anderen Zeit? Gibt es noch Kinder, die mit zitternden Fingern ein Blättchen Schaumgold von der Treppe auflesen, das von des Weihnachtsengels goldenem Flügel sich abgestreift hat? Kinder, die klopfenden Herzens, ganz überwältigt, eine Nuss, ein gezuckertes Plätzchen unterm Kopfkissen finden, das ihnen das Christkind geschickt hat als liebenden Gruß? Ich hoffe, dass es, selbst in der großen Stadt, solche Kinder noch gibt. Ich kenne eins. Das ist dreieinhalb Jahre alt, hat einen Blondkopf, seidig und rund, hellwache Augen, einen schelmischen Mund. Und das sagt zu mir: „Oma!“. Schon am frühen Morgen – es ist noch ganz dunkel, das Erwachen des Tages kaum da – hör’ ich sein Stimmchen. Das zwitschert durchs Haus, ich höre was von „Christkind“ und immer wieder von „Christkind“, kann nicht alles verstehen. Aber dann kommen eilige Füßchen in meine Schlafstube getrippelt, eine kleine Hand fasst führend die meine: „Komm, Oma!“

Ich bin in meine Wohnstube geführt, da hängt an der Hängelampe der Weihnachtsstern, und auf der alten Servante der Eltern, die auch mir noch dient, steht ein Häuschen. Es ist nur aus Pappe, aus Modellierbogen kunstvoll zusammengefügt; es hat viele Fensterchen, durch Läden verschlossen, und jeden Morgen im Monat Dezember darf meine Susanne einen Laden aufmachen. Ich muss noch helfen dabei; ich zünde das Licht an, das innen im Häuschen steht, und dann strahlt es rot durch die kleinen Fenster. Die Tür ist größer aber die bleibt noch geschlossen, die darf erst aufgemacht werden am Morgen des 24., denn es ist etwas dahinter. Dann werden wir wieder davorstehen, das Kind und die Großmutter, die kleine Hand hält die große ganz fest, und wir werden singen, wie wir’s alle Morgen vor unsrem Adventshäuschen schon tun: „Ihr Kinderlein, kommet!“

Das Licht strahlt hell in die Dunkelheit, die Tür geht dann auf – „Und dann ist das Christkind da und der Jubel“ – so sagt das Kind.

Quelle: Sammlung Bial

Clara Viebig mit ihren Enkeln Susanne und Reinhard

Mein schönstes Weihnachten

Wenn man älter wird, wie der Volksmund sagt: zu Jahren gekommen ist, dann ist es merkwürdig, wie die Gedanken rückwärts gehen. Man fühlt sich viel heimischer in der Vergangenheit als gerade in der Zeit, in der man gegenwärtig lebt. Man ist in den Tagen des „Heut“ ein wenig fremd, nicht, dass man sie nicht verstünde, aber man sieht sie an wie die Wellen eines unruhig wogenden Meeres, dessen Brandung schwillt und schwillt und doch nicht ganz hinauflangen kann mit seinem Gischt und seinem Sprühregen zu dem Riff, auf dessen Höhe wir sitzen – Gerettete. Wir hören das Rollen der Wogen, hören ihren Donner, sehen schwarze Wasserberge steigen und sinken, sehen große und kleine Schiffe – oh, wie sie kämpfen müssen mit der empörten Flut, manch keckes Segel geht unter, manch trügerische Planke zerschellt! -, wir aber blicken weiter und weit zurück zu fernen Ufern, die, wie glückliche Eilande, mit Früchten voller Süße, mit Blumen, deren erfrischender Duft alle herbe Wirklichkeit einschlä-fert, auf düsteren blauen Wassern schwimmen. Das sind die Eilande unserer Jugend, die glücklichsten Inseln, an denen wir nun schon lange, lange vorbeigeschwommen sind, von dem Strom unseres Lebens weitergerissen. Aber nun, hoch oben auf unserem Riff, mit dem Blick der Weitsichtigen, sehen wir sie wieder, und wir freuen uns.

Was ist denn das für ein Baum, der auf jenem seligen Eiland dort steht, an das unser Blick sich gerade jetzt so festhängt? Ist es eine Palme mit tropisch üppigen Wedeln, ein hoher Lorbeer mit Blüten und goldenen Früchten zugleich? Ach nein, es ist nur ein Nadelbaum, eine ganz simple deutsche Tanne. Und doch ein

Wunderbaum, ein Baum, der noch grün ist und grün bleibt mitten im Winter.

Und ich sehe, dass dieser Tannenbaum hineingetragen wird in unser kleines Haus auf dem Schwanenmarkt in Düsseldorf, wo ich meine Kindheits- und Schuljahre verlebt habe. Da schmückten meine Eltern mir den Weihnachtsbaum ganz heimlich, wenn ich schon im Bette lag, aber ich sog den Duft ein, der, stark und köstlich, mir durch alle Türritzen zu quellen schien. Der Wind schnob vom Rheine her und stieß gegen mein Fenster, Eisblumen malte der Dezember daran mit hartem Finger, es war kalt, bitterkalt in meiner Stube, in der kein Ofen stand. Aber ich spürte den Frost nicht. Tief eingekuschelt hatte ich mich in mein Kissen, mir war warm vor Freude: morgen, ha, morgen der letzte Schultag vorm Fest und dann – und dann -?! Freilich, die Zensur war noch zu überstehen, jenes fatale Zeugnis auf langem, weißem Zettel, auf dem alles verzeichnet stand, was man sich im letzten Vierteljahr an Ungezogenheiten, an Wissensmängeln, an Unaufmerksamkeiten geleistet hatte.

Gott sei Dank, diesmal fiel die Zensur merkwürdig glimpflich aus! Hatten die Lehrer meiner dritten Klasse ein Einsehen gehabt, das Fest der Freude nicht stören zu wollen, oder war ich wirklich so artig, so fleißig, so aufmerksam gewesen, und auch in den einzelnen Fächern – ausgenommen im Rechnen – so gut gewesen, wie da stand?

Fast fühlte ich Beschämung, als meine Freundin, die jüngere Nachbarstochter, die in der Klasse unter mir saß, ihr dickverheultes, gutmütiges Mopsgesichtchen durch den Spalt unserer Klassentür steckte. Sie weinte, und ich konnte lachen?! Aber

Mitleid fand heute nicht mehr Raum in meinem Herzen, lachend faßte ich ihre Hand und rannte mit ihr heim, nur immer wieder atemlos herausstossend: „Ach was, mach dir nix draus – das nächstemal heul‘ ich und du lachst!“ Und das tröstete sie denn auch bald.

Und dann, als der Empfang zu Hause mit dem Kuß der Mutter und dem Übershaarstreichen des Vaters hinter mir lag, fuhren wir auf unserem Schwanenmarkt Schlitten. Das längst getröstete Möpschen besaß einen Stuhlschlitten, saß darin mit dicken Handschuhen und einer schwanbesetzten blauen Kapuze, während ich, in einer Kapuze ohne Schwan und auch ohne so dicke Fäustlinge, den Schlitten schob. Wir fuhren ums Viereck des Schwanenmarktes immer herum, immer herum, ich jagte wie ein durchgehendes Pferdchen - - - war's denn noch immer nicht Abend, Weihnachtsabend?! – die selige Ungeduld trieb mich an. Wohin mit mir, mit meiner Erwartung, mit meiner Freude?! Zum Rhein, zum Rhein, wo der harte Winter die erst überschwemmt gewesenen Wiesen zu einer weiten weißen Fläche gemacht hatte. Da jagte ich nun, stieß den Schlitten pfeilgeschwind vor mir her. Nur wenige Schlittschuhläufer waren hier, die Großen hatten daheim beim Christkind zu tun, nur Kinder, wie ich, schlidderten und bewarfen sich mit vereistem Schnee; ich ließ sie bald alle zurück. Meine Schlittendame fing an zu frieren, ich aber fror nicht, vor mir stand lockende Ferne, eine weite, weiße glatte Fläche – die Hammer Wiesen. Viehweiden am Niederrhein. Auf ihnen hatten wir im Frühling den wilden Sauerampfer gepflückt und die ersten goldenen Dotterblumen, der Herbst hatte sie zu Wassern gemacht, jetzt aber hatte der harte Frost sie abermals gewandelt. Wind hatte im Flatterschnee Bahn gefegt, durch nichts gehindert, flogen wir dahin; ich spürte das Schieben des Schlittens kaum, ich jauchzte laut, aus meinem Mund stieg heißer Atem und wurde Rauch in der klaren, kristallreinen Winterluft. Unsägliche Fröhlichkeit überkam mich: zum erstenmal mit Bewußtsein ein Genuß meines Lebens! Ich war jung, jung, gesund, ich konnte fliegen auch ohne Flügel, ich hatte ein gutes Zeugnis bekommen, mein Vater hatte gelächelt, meine Mutter mich geküßt, alle Menschen waren so gut, so gut, alle Menschen hatte ich lieb, so lieb – sogar unsern Rechenlehrer – und heute, heute war Weihnachten! Bald würde der Christbaum brennen – ha, glänzte er nicht da schon?! Silbergefunkel in der Ferne, Goldgeflimmer dazwischen, um den aus Reif und Geglitzer auftauchenden Turm des Neußer Doms wob plötzlich durchbrechende Sonne einen leuchtenden Strahlenkranz. Silbergespinst, duftig wie Engelshaar, floß nieder, goldne Sterne waren hineingestreut, sie flammten auf, sie brannten: die Weihnachtskerzen waren schon angesteckt!

Meine geblendeten Augen tränten, sie weinten, ohne weinen zu wollen. Weihnachten, Weihnachten! Ich fühlte voll überquellender Seligkeit, was es heißt: es so erwarten zu dürfen.

Und wenn nun wieder Weihnachten da ist, und Weihnachtslicht das Gespinst seiner Strahlen auswirft wie ein goldenes Netz, Seelen darin zu fangen, dann kommt auch meiner Seele ein Hauch jener Reinheit zurück, die ich damals genoß auf weiten weißen Rheinwiesen. Und wenn ich nun auch nicht mehr jauchze wie dazumal, so lächle ich doch in dankbarem Erinnern an das schönste Weihnachten meiner Jugend.

Quelle: Die Räder, Heft 24, 1931

Die Hausfrau

Clara Viebig, die nun Siebzigjährige, ist nicht nur eine tüchtige, fleißige Schriftstellerin, sondern, was manche Damen höchst verwundern wird, daneben auch eine ganz ausgezeichnete Hausfrau. Als sie eines Tages Besuch von irgendeiner Frauenrechtlerin bekam, war diese ganz erstaunt zu vernehmen, daß die berühmte Frau gerade im Bügelzimmer sei, um den Mädchen beim Mangeln zu helfen.

„Wie? Sie beschäftigen sich auch im Hause gelegentlich, wie ich höre?"

„Gelegentlich!" wiederholte die Viebig. „Tagtäglich, wenn Sie's wissen wollen. Halten Sie mich für einen Blaustrumpf? Was meinen Sie, was meine Männer, mein Mann und mein Sohn, dazu sagen würden, wenn sie mittags ein schlechtes Essen auf dem Tisch finden sollten oder wenn ihre Wäsche nicht in tadelloser Ordnung wäre. Ich glaube sicher, ich wäre trotz meiner emsigen Feder längst als Hausvorstand entlassen worden, wenn ich nicht ebenso gut kochen und im Haushalt schalten und walten könnte.

Nein! Was diesen Punkt betrifft, so vergess' ich niemals die gute Lehre, die meine Mutter, die eine noch viel bessere und pingeligere Hausfrau als ich war, mir vor meiner Hochzeit gegeben hat: ‚Glaub mir, mein Kind! Du magst schreiben können wie Zola und Dostojewski und wie die verrückten Kerle von heute alle heißen mögen, der beste Mann von der Welt geht dir laufen, wenn du ihm auf die Dauer angebrannte Speisen auftragen läßt. Folge meinem Rat! Vergiss nie über deiner ganzen Schriftstellerei, mindestens dreimal täglich in deine Küche zu gehen! Dann wirst du bei deiner sonstigen guten Veranlagung und Verträglichkeit eine der glücklichsten Ehen auf Erden führen.'!"

Allbekannt ist das hübsche Erzählchen von dem alten Blücher. Als er in einer Gesellschaft wieder einmal ganz gegen seinen Willen über Gebühr, wie ihm schien, gefeiert wurde, stand er auf und stellte die Frage, ob jemand hier im Kreis seinen eignen Kopf küssen könnte. Als alle dies verneinten, erklärte Blücher: „Ich kann es." Damit schritt der auf den Anwesenden Gneisenau, seinen langjährigen Berater und Helfer in vielen Schlachten, zu und heftete einen Kuß auf dessen Stirn.

In ähnlicher Weise sucht auch die Viebig in ihrer Bescheidenheit bei jeder Gelegenheit, wo man sie ehrt und preist, einen Teil des Ruhms auf ihren gescheiten Gatten, den Berliner Verlagsbuchhändler Fritz Th. Cohn, abzulenken. Es ist der Mann, dessen Arm der alte Fontane bei seinem siebzigsten Geburtstag, als alle die adligen brandenburgischen Herren auf itz, im und an, die der Dichter bei diesem Anlaß erwartet hatte, nicht erschienen waren, mit den berühmt gewordenen Worten ergriff: „Kommen Sie, Cohn!" Um sich dann von ihm an seinen Ehrenplatz geleiten zu lassen.

Als man der Viebig nach irgendeinem Vortragsabend, bei dem sie einen großen Erfolg gehabt hatte, in der Nachsitzung einen Lorbeerkranz aufsetzen wollte, lehnte sie dies ab und wollte ihn auf den Scheitel ihres Gatten, der ihn mehr verdient hätte, legen. Für dessen schmalen Kopf war der Kranz aber etwas zu groß geraten, so dass er ihm über die Ohren hinabrutschte. Eine der dabeisitzenden Damen mühte sich nun, dass Gewinde für ihn passend zu machen, es wollte ihr aber nicht recht gelingen. Er war immer noch zu völlig für Fritz Th. Cohn. Schließlich, als man es noch einmal versu-chen wollte, ihm den Lorbeer überzustülpen, und es noch nicht glücken mochte, erklärte er: „Halt! Jetzt paßt er gerade für meinen Sohn, den jungen Komponisten, der dort drüben sitzt. Ich habe nämlich das Geschick, erst der Gatte einer berühmten Frau und dann der Vater eines berühmten Sohnes zu sein."

Auf diese Weise geriet der Kranz, der für Clara Viebig bestimmt gewesen war, auf den Scheitel ihres musikalisch reichbegabten Sohnes Ernst Viebig-Cohn. Die Augen der Viebig aber erglänzten darüber vor Freude und sie versicherte stolz, wie eine Gracchenmutter, aller Lorbeer, den sie sich erschrieben hätte, wäre ihr gleichgültig gegen diesen, den sie auf der Stirn ihres Sohnes leuchten sehe.

Quelle: Herbert Eulenberg
Kölnische Illustrierte Ztg., vom 19.07.1930

Clara Viebig, die Mutter der Dichterin

Meine Mutter

Ums Jahr 1835 mag es wohl gewesen sein, der Weg, der vom Dorf Schwersenz nach der Stadt Posen führte, war schlecht, sehr schlecht, keine glatte Chaussee, wie sie jetzt auch im vergessensten Winkel überall den Verkehr erleichtert, ein Landweg, nur streckenweise etwas ausgebaut, meist schmal und elend, nun mühselig über Steine holpernd, nun tief im Sand fast verschwindend oder in Wasserlöchern untergehend. Sollte die Tochter Clara des Pfarrers Langner zu Schwersenz bei Posen eine etwas höhere Bildung erhalten, als die polnisch gefärbte Dorfschule sie zu geben vermochte, so mußte sie in der Stadt die Schule besuchen. Aber die Pfarre war arm, keine fette Pfründe, die es dem Vater ermöglichte, sein Töchterchen in eine Pension zu tun, man mußte die Zehnjährige der Obhut einer Milch- und Gemüsefrau anvertrauen, die Glock fünf vom Dorf aufbrach, um ihre Produkte nach der Stadt zu fahren. Unter ihren Kannen und Körben nahm sie auch die kleine Clara mit. Beim Onkel Medizinalrat fand sie dann ihr Mittagbrot und ein ungestörtes Plätzchen, um ihre Schularbeiten zu machen; wenn aber der Nachmittag sich neigte, die biedere Stafia oder Nepomucena die Produkte des Dorfes losgeschlagen hatte, wurde wieder auf den rumpelnden Karren geklettert, heim ging's auf mühseligem Weg zwischen schaukelnden Körben und rasselnden Kannen, kaum daß man die Balance halten konnte.

Heiß war der Nachmittag, noch glost Sonne über endlosen Ackerbreiten, kein Schatten, müde stehen die Ähren am Wegrand, ihre vollen Häuptchen neigen sich tief wie in durchglühtem, von Überreife schwerem

Traum. Kein anderer Laut als verschlafenes Summen von großen blauen Fliegen und das Schlagen des Pferdeschweifes nach den lästigen, nie Ruhe haltenden Bremsen. Heiß, staubig, müde, unendlich müde machend ein langer, langer Weg. Eine Stunde und noch eine Stunde; das Pferdchen trottet im Schlaf, die Nepomucena vorn auf dem Kutschsitz schnarcht im Schlaf, das Mädchen hinten zwischen den Körben ist auch im Schlaf, da - plötzlich liegt es unten. Der Gaul hat einen Satz gemacht, hier ist ausgebaut, er spürt glatteren Weg unter seinen Hufen, sofort hat er sich in Trab gesetzt, hui fort, dem noch immer fernen, ersehnten Stall zu. Die Kleine hat sich wohl nicht sehr weh getan beim Sturz, weich ist's in den tief ausgefahrenen Geleisen, aber wenn sie sich auch wehgetan hätte, daran denkt sie nicht, schon ist sie auf den Füßen, sie schüttelt die Erde vom Röckchen, wie der Vogel den Staub vom Gefieder, sie rennt hinterm Karren drein, gibt den heißen Lauf nicht eher auf, als bis sie den Wagen wieder erreicht hat, hinten anpackt und sich mutig wieder hinaufschwingt.

Diese kleine tapfere Clara mit den langen blonden Schulmädchenzöpfen, mit denen sie sich am Karrenrand festbindet, um nicht abermals vom rumpelnden, stark stoßenden Gefährt herabzufallen, wurde meine Mutter. Und tapfer ist sie geblieben ihr ganzes Leben hindurch. Und es war ein langes Leben - zweiundachtzig Jahre – „und wenn es köstlich gewesen ist, so ist es Mühe und Arbeit gewesen“, sagt der Psalmist. Und viel Leid war auch bei all der Mühe und Arbeit ihres Lebens, ein reichlich Teil davon wurde ihr zugemessen, aber verzagt habe ich sie nie gesehen. Eine tapfere Gattin, die den Gatten, der beim traurigen Anblick seines zweiten, durch eine unglückselige Kinderkrankheit gelähmten und blöde gewordenen Sohnes zusammenbrach, immer wieder aufrichtete - eine tapfere Mutter, die ihren Erstgeborenen, ihren doppelt heiß geliebten ältesten Sohn ohne Träne im Jahre 70 ins Feld schickte - halt! Eine dunkle Erinnerung zeigt sie mir deutlich, wie sie beim Grauen des Morgens eine weiße Rose in unserem Gärtchen bricht und die im Grauen des Abschieds meinem Bruder an den Helm steckt. Er hatte Tränen, ich, ein eigentlich noch merkwürdig unverständiges Ding, weinte auch, obgleich ich kaum fühlte, was diese Stunde alles bedeutete - aber sie hatte keine.

Nie hätte ich das Buch „Die Wacht am Rhein" geschrieben, dieses Stück Geschichte aus den siebziger Jahren und ein Gedenkblatt der Stadt Düsseldorf, wären die Erzählungen meiner Mutter nicht. Ja, die konnte erzählen! Ganz wunderbar lebendig und anschaulich. Es sind die schönsten Erinnerungen meiner Kindheit, wenn ich in einem Schnupfenfieber oder an Masern und Röteln oder wegen irgendeines andern Übelbefindens im Bett liegen mußte. Wie schön, wie behaglich war mir's trotz allem, ich fühlte nicht, dass der Kopf wehtat oder der Hals schmerzte, die Mutter erzählte ja.

„Mutter, erzähl' doch, wie ihr euer Schweinchen geschlachtet habt und wie Wurst gemacht wurde" - „Mutter, erzähl' mal, als der Napoleon durch euer Dorf gekommen ist auf der Flucht aus Rußland, und der Vater von deinem Vater ihn an der Ecke im Schlitten halten sah, ganz bleich und vermummt, und der Vater von deinem Vater ihm dann den Weg zeigen musste." - „Mutter, weißt du das noch, wie die Polen wollten, dass die Stadt Posen ihnen gehörte und wie die Herren von unserer Regierung sich in den Häusern verschanzten und wie unser Papa oben an der Treppe stand, das Gewehr in Anschlag? Erzähl's nochmal, aber mach's recht lang, bitte, bitte!"

Vielleicht hätte ich auch nie „Das schlafende Heer" geschrieben, ohne dass meine Mutter Bilder in mir erstehen ließ, Interessen in mir erweckte, die noch nach so vielen Jahren der Untergrund meines literarischen Schaffens wurden. Meine Augen wurden groß und klar trotz Fieber und Schnupfen, ich sah sie deutlich die wilden Insurgenten in den Straßen der Stadt Posen mit Trommelwirbel und Gewehrgeknatter, mit wüstem Geschrei und Fahnengeschwenke. Ich sah preußisches Militär heranmarschieren, ich sah dann – ach! – auch die armen Soldaten, die man – „törichterweise", sagte meine Mutter, draußen vor der Stadt in Scheunen und Ställen beim Dorfe Buk vereinzelt untergebracht hatte, anstatt sie alle zusammen biwakieren zu lassen, und denen fanatische polnische Weiber bei Nacht die Nasen und Ohren abgeschnitten hatten.

Im Jahre 1848 kam mein Vater ins Frankfurter Parlament, meine Mutter ging mit ihm; eine weite, beschwerliche Reise, zum größten Teil in der Postkutsche, anstrengend für eine so junge Frau mit einem noch nicht einjährigen Knaben auf dem Schoß. Frankfurt am Main - Parlament – Paulskirche - Uhland, Gebrüder Grimm, Marx, Turnvater Jahn, Johann Jacobi, Robert Blum, Gagern, Eduard Simson - viele, viele berühmte Leute. Sie alle hat meine Mutter gekannt; vor ihrem unbetrüglichen Blick schwand freilich manches von jener Glorie, mit der eine leicht betrogene Welt sie jetzt noch umgibt. Am interessiertesten hörte ich zu, wenn sie vom schönen Fürsten Lichnowsky erzählte, jenem eleganten Kavalier und Damenliebling, den Frankfurter Pöbel bei seinem Spazierritt am Morgen vom Pferde riß und den hochmütigen Aristokraten dann weit draußen auf der Heide mit Steinen und Knütteln wie einen Hund zu Tode schlug. Oh, hätte dieser Lichnowski sich doch nicht auf dem Pferde umgedreht, als sie hinter ihm dreinjohlten, nicht eine so verächtliche Gebärde gemacht, nicht höhnend mit der Hand gewinkt! Oh, wie dumm von ihm und dem General Auerswald, der mit ihm ritt, von den Pferden zu springen, durch Gärten zu flüchten, sich bei einer Gärtnersfrau in der Apfelkammer zu verkriechen. Wie die Bande das Häuschen umzingelt, eindringt, die Frau bei der Brust packt: „Gib sie heraus", ihr einen Revolver vorhält: „Wo sind sie versteckt?" „Sucht", sagt die Unerschrockene, weiter nichts. Und sie suchen und finden nichts – ei, wie spannend meine Mutter das macht! – sie laufen vom Boden bis zum Keller und wieder vom Keller bis zum Boden – waren sie denn blind? Mir stockte der Atem. Sie rennen an dem kleinen Türchen des stock-dunklen Bretterverschlags achtlos vorüber, da stolpert einer, fällt nieder, bemerkt jetzt ein Stückchen feinen Tuches, das sich eingeklemmt hat unterm Türchen – ha, da sind sie ja drin! Nun heraus mit den furchtsamen Mäusen! -

Nach der Auflösung des Parlamentes kamen meine Eltern nach Hohenzollern-Sigmaringen; die fünf Jahre dort waren die glücklichsten im Leben meiner Mutter. Kleinstadt und doch ein Fürstenhof, wunderbar schöne Umgebung, Berge, Wälder, die Donau, Schweizer Alpen so nah, und maskierte Schlittenpartien mit Glöckchengeklingel und wehenden Federbüschen in tiefen Wintern, fröhliche Picknicks auf tannen-umdufteten sommergrünen Matten, Erdbeeren, Him-beeren, Forellen in Massen, so viele der Herrlichkeiten, dass meine Ohren nicht genug davon hören und meine Augen nicht genug staunen konnten.

Aus jenen Sigmaringer Tagen stammt das Porträt meiner Mutter. Ein seinerzeit berühmter Maler hat es gemalt; 1856 steht in der Ecke des Bildes. Heutzutage wird nicht mehr so gemalt, nicht mehr so die rosige Wange in die zarte Hand geschmiegt, nicht mehr so langbewimpert blickend die Augen, nicht mehr so der schönste Augenblick einer schönen Frau wiedergegeben. Und doch atmet jeder, der in mein Zimmer tritt, tief auf: „Oh, wie schön!“ und bleibt lange stehen vor dem Bild und sieht auf zu diesem unendlich lieblichen, jugendverklärten, lächelnden Gesicht.

So schön habe ich meine Mutter nicht mehr gekannt, ich wurde erst geboren, als mein Vater als Oberregierungsrat im Jahre 1860 nach Trier an der Mosel versetzt worden war. Aber schön war meine Mutter immer noch, nicht nur in meinen Augen, und ist es eigentlich geblieben bis in ihr hohes Alter -, ein Gesicht so fein, so voll fraulicher Anmut, wie es die jetzige Zeit nicht mehr bildet. Von Trier an der Mosel nach Düsseldorf an den Rhein - Krieg, Krankheit, Tod, viele Sorgen, großes Leid, aber dieses Gesicht behielt seine weichen Linien, es wurde nicht hart. Und auch die Seele der Frau wurde nicht hart, sie erhärtete sich nur im tapferen Kampf mit dem Dasein als Witwe – sie blieb nicht liegen am Weg.

Das Schicksal hat meine Mutter gegen die Neige ihres Lebens wieder in die Nähe ihres Ausgangspunktes zurück-geführt. Es wurde ihr schwer, den Westen Deutschlands zu verlassen, wo das Grab meines Vaters liegt und lange schöne Erinnerungen noch lebendig blühten, aber sie opferte eigenen Wunsch dem Wunsch der Tochter; wir zogen wieder gen Osten - nach Berlin. Und so kam sie wieder jener Landstraße näher, über die sie einst im Karren geholpert war. Die war nicht ganz mehr so, wie die Mutter sie meinen Kindheitstagen gezeigt hatte – sie war besser ausgebaut worden. Aber doch noch lange, lange nicht gut genug.

Gott sei Dank, dass meine Mutter es nicht mehr erlebt hat, dass jene Stadt, für deren Deutschtum mein sonst so friedliebender Vater den Gewehrlauf an die Backe legte und Posten auf der Treppe stand, polnisch wurde! Dass die Stätte, mit der sie erste Liebe verknüpfte, an der ihr Vater gut deutsch gepredigt hatte, dass jene unendlichen Weizenbreiten - volle Kornkammern Preußens - den Polen anheimfielen. Und Gott sei Dank, dass sie schlafen ging vor dem größten aller Kriege.

Nun bin ich oft, sehr oft an ihrem Grab auf dem Kirchhof zu Zehlendorf, fern brandet Berlin, sie liegt und schläft ganz mit Frieden. Aber ihre Stimme spricht noch immer zu mir, meine Mutter erzählt mir noch immer gar manches, und ich merke auf.

Als ich neulich, unfern ihrer Stätte, auf einem Bänkchen still dasaß, kam ein Herr gegangen, er führte zwei Kinder mit sich, und er blieb stehen vor dem Marmorgedenkstein, auf dem, was Liebe hingeschrieben, Regen und Schnee schon ein wenig verwaschen hat, auf dem nur die großen goldenen Buchstaben des Namens - Clara Viebig - noch hell leuchten, und er sagte zu dem Ältesten der Knaben: „Ah, sieh mal, da liegt ja die Schriftstellerin Clara Viebig!“

Nein, die Schriftstellerin Clara Viebig liegt hier nicht, es ist ihre Mutter, die Erzählerin Clara Viebig, das hätte ich ihm sagen können. Aber ich schwieg und ließ ihn vorüber. Ich war doch ein wenig bestürzt. Dann aber trat ich dichter an den Hügel heran und legte meine Hand auf dessen Efeu, und zu der Stimme, die plötzlich zu mir herauf - oder war es aus mir heraus? - etwas sprach, sprach ich wie zur Antwort: „Lass mich dereinst meinem Sohn so gegenwärtig sein, wie du mir noch immer gegenwärtig bist und stets gegenwärtig bleiben wirst - oh, meine Mutter!

Quelle: Wiesbadener Tageblatt, 17.07.1930

Clara Viebig mit ihren Eltern

Land der Hoffnung

Ich bin jetzt eine alte Frau. Trotzdem wende ich mich heute an die Jugend. Ich will zur Jugend sprechen aus meinem langen Leben; aber auch aus jenen Jahren, die vor meiner eigenen Jugend lagen. Also zu einer Zeit, von der meine Eltern mir oftmals in meiner Kindheit erzählten.

Mein Vater war 1847, als die Revolution überall flackerte und auch in den deutschen Landen der Freiheitsgedanke glühte, als man allerorten von einer Befreiung träumte, bei den vom deutschen Volke Auserwählten, die in der Paulskirche zu Frankfurt a. M. tagten.

1848 im Revolutionsjahre – es sind 100 Jahre her -, lebte mein Vater im süddeutschen Land, wo der Freiheitsgedanke am heftigsten brannte.

Als dann im März in Berlin die Wogen hochschlugen und vor allem die Jugend auf die Barrikaden drängte, war mein Vater mit seinen Gedanken dabei. Wie er mir diese Ereignisse später schilderte, wie er von den noch nicht verblassten, ihm doch so lebendig gebliebenen Begebenheiten sprach, so habe ich durch seine Schilderungen diese außergewöhnliche Zeit gewissermaßen schon als kleines Mädchen miterlebt.

Ganz genau entsinne ich mich noch jener mir so unvergesslich schönen Stunden, in denen mir mein Vater in seiner freien Zeit voller Hingabe von der großen Freiheitshoffnung und der großen Einheitsbewegung erzählte.

Als vor 100 Jahren all die freiheitlich Gesinnten – Arbeiter, Studenten, Handwerker und mancher Bürgerssohn – auf den Barrikaden standen, um für die Freiheit und Grundrecht des Volkes zu kämpfen und zu sterben, da war die Enttäuschung des Misslingens riesengroß.

Aber in der Jugend saß der Freiheitsgedanke nun einmal fest, und sein Keim lag in diesem Geiste. Langer Jahre hat es dann bedurft, bis dieser Keim die Zeit durchbrach und sich entfaltete.

1948 – im Jahr der Hoffnung – treibt der Keim überall zum Licht. Aus den Trümmern der Vergangenheit läßt er ein neues Deutschland erstehen: ein Deutschland, geeint durch einen gerechten Frieden; ein Deutschland vom West zum Ost, vom Süd zum Nord, voller Hoffnung auf seinen Platz in der großen Völkerfamilie.

Noch liegen um uns viele Trümmer. Aber das Chaos beginnt, sich allmählich zu ordnen. Im unblutigen Ringen winkt nun nach dem blutigsten aller Kriege dem deutschen Volke der Friede und die Einheit. Und der deutschen Jugend wird Deutschland das Land der Hoffnung.

Die Jugend – die Hoffnung eines jeden Volkes – ist besonders jetzt das Fundament für Deutschlands Zukunft.

Wie das Elternhaus mit seiner Liebe dem Kinde alle Sorgen fernhält, so geben Eltern und Schule gemeinsam dem jungen Menschen das Pflichtgefühl mit ins Leben, das ihn erkennen läßt, was seine Pflicht und seine Ehre ihn zu tun gebieten. Und aus diesem Pflichtgefühl heraus wird der junge Mensch sich mit den Genossen seiner Jugend zusammenschließen, um, durch Einigkeit stark, ein sicheres Fundament zu bauen, auf dem das Vaterland steht und erwächst zum neuen Aufbau.

So sehe ich mein Deutschland auf diesem starken Fundament seiner einigen Jugend sich aus den Trümmern erheben. So sehe ich mein Deutschland geeint und kräftig getragen auf den Schultern seiner Jugend, auf denen es so sicher ruht wie die Burg auf dem Fels am Meer.

Die Liebe der Jugend für ihr Vaterland und die Hoffnung der Jugend auf ihr Vaterland werden die stärksten Stützen sein für das neue Deutschland, das Land der Hoffnung.

Quelle: Clara Viebig im Spiegel der Presse

Clara Viebig über sich selbst

In „La Revue Rhénane" erschien im Februar 1929 und in der „Revue d'Allemagne et des pays de langue Allemande" im Januar 1930 unter der Überschrift

ESQUISSE AUTOBIOGRAPHIQUE
folgender Beitrag:

Vorwort

Frau Clara Viebig, deren Werke man weit über die Grenzen ihres Landes hinaus kennt und schätzt, zählt heute zu den literarischen Berühmtheiten Deutschlands, und unsere Leser erinnern sich ohne Zweifel noch an die Beiträge, die in dieser Zeitschrift anlässlich eines jeden neuen Romans aus ihrer fruchtbaren Feder erschienen sind. Im Verlauf von dreißig Jahren hat diese immer noch so rege Schriftstellerin eine beträchtliche Zahl von Werken geschrieben, denen sie allerdings keinesfalls denselben Wert und dieselbe Bedeutung zumisst. Das hat vielleicht sowohl mit den Umständen, unter denen sie entstanden als auch mit der Aufnahme durch die Leserschaft zu tun. Wie dem auch sei, wenn man das Werk eines großen Schriftstellers gebührend würdigen will, ist es nicht uninteressant zu erfahren, was er selbst davon denkt und auf welche Weise dieses Werk herangereift ist. Die berühmte Schriftstellerin ist unserem Wunsch nachgekommen und hat sich bereit erklärt, uns einen interessanten Abriss ihrer langen und so glänzenden literarischen Laufbahn und der Entstehungsgeschichte ihrer wichtigsten Werke zu geben. Im Namen der Leser der „Revue Rhénane" sprechen wir ihr unseren aufrichtigsten Dank aus. Die Redaktion

Übersetzung: Prof. Dr. Helga Abret, Université de Metz

Ich bin eine Beamtentochter. Dieses Wort sagt ihnen vielleicht nichts. Dennoch bezeichnet es – oder vielmehr es bezeichnete – viele Dinge: berufliche Gewissenhaftigkeit, zuverlässige Ehrlichkeit, aber auch Herzensenge, Furcht vor allem, was über das Gewöhnliche hinausgeht, Abneigung für alles, was Aufmerksamkeit erregt, für die, die das Leben leicht nehmen, für alles, was künstlerisch ist und das man ohne große Umstände in dem Ausdruck unbürgerlich einschloss.

Was trieb mich zum Schreiben? Die Natur. Ich weiß selbst nicht, wie das passierte. Ich liebte die Natur: Ich fühlte mich verpflichtet, sie zu beschreiben. Personen belebten sie, die zu mir sprachen: Auf ihrem Gesicht las ich ihre Geschichte. Und wenn ich schrieb, schien es mir, dass eine innere Stimme mir diktierte.

Wie bei allen Anfängern hatten meine ersten Romane mehr oder weniger ein autobiographisches Aussehen. Ich kam nicht um eine gewisse Rührung umhin, wenn ich heute mein erstes Werk ansehe: „Rheinlandstöchter". Es wimmelt von Fehlern, von Verstößen gegen die Kunst. Ich habe dort alles hineingestopft, was ich auf dem Herzen hatte, und der Stoff sprengte den Rahmen. Aber Erich Schmidt, dieser unvergessliche Meister, sagte: „Ein schlechter Roman, gewiss, aber ein Buch, was man sehr liebt, so dass man es immer wieder lesen kann". Und so nach 27 Jahren sehe ich immer noch dieses Buch in den Händen junger Mädchen. Sie lieben es so sehr, wie es ihre Mütter früher liebten. Ich bin nicht stolz darauf: das beweist mir nur, dass ich in meiner Heldin, die so viele Züge mit mir gemein hat, ohne Zweifel gut den Typ des Mädchens aus gutem Hause gezeichnet habe.

Genauso in meinen zweiten Roman „Dilettanten des Le-bens" habe ich viel von mir gesteckt: die ganze Zeit, als ich in Berlin Musik studierte. Dilettanten des Lebens, Dilettanten der Kunst, die an der Welt zerbrechen, die sie umgibt. Ich hatte ein Ideal vor Augen: Eine Künstlerin, die ihr Leben und die Menschen führen konnte und die dazu kam, durch Kämpfen zu erkennen, dass Ruhm, Erfolg ohne Sinn sind für den, der wirklich künstlerisch schafft, und dass Kunst Be-freiung und Frieden bedeutet. Dieses Ideal habe ich in den Roman „Es lebe die Kunst“ fließen lassen! Ein noch sehr subjektives Werk: Ohne Zweifel wegen einer leidenschaftlichen Entrüstung gegen den Krämergeist, gegen die Macher, gegen diesen ganzen Schmutz, der die Kunst entartet.

Bis zu dem Moment, wenn er zu dieser großen Entdeckung gelangt: Befreiung und Frieden, beschäftigt sich dieser werdende Künstler fast nur mit sich selbst. Es gibt in seinen Augen kein interessanteres Objekt als sein Selbst, und er beschreibt die Welt, die ihn umgibt, in dem Maße, wie diese auf ihn wirkt. Um ehrlich zu sein, er könnte nicht objektiv abwägen, objektiv darstellen. Das Ich nimmt soviel Bedeutung ein, dass der Künstler sich abwendet, als wenn er sich davon getrennt hätte, vom Nährboden, dem er nicht mehr die geringste Bedeutung beimisst. Aber in dem Moment, wo sich vor ihm das wahre Gesicht der Kunst aufrichtet, befreit sich sein Blick, und seine Hand versucht Wesen zu modellieren. Er fühlt die Leiden und Freuden der Schöpfung. Da drängt sich ihm das Thema auf, das fordert dargestellt zu werden, wogegen man nichts kann.

So komme ich zurück in mein kleines Land. Ein kaputter Wagen mit einem spindeldürren Pferd und seinem Kutscher, dessen freundliches Gesicht ganz feucht ist vom Branntwein, führt mich in ein Eifeldorf. Es ist Frühling. Auf den Feldern, die man bestellt, sieht man nur Frauen den Pflug führen, die Ochsen führen, mit der Hacke arbeiten, eggen und schwere Lasten von Dünger tragen – junge Frauen, alte, aber keinen Mann. Ich habe grade das Weiberdorf entdeckt. Der einzige Mann, der geblieben ist, während die anderen ohne Ausnahme an die Ufer des Rheins gegangen sind, um ihr Brot in den Fabriken und Bergwerken zu verdienen, tut nichts, sitzt in der Wirtschaft, den Kopf zwischen den Händen und beklagt sich wegen seines kranken Beines, das, wie er behauptet, ihm nicht erlaubt zu arbeiten. Während er spricht, wende ich meine Augen nicht von seinem Gesicht, voller Schläue und gezeichnet von Leidenschaft – seine Züge enthüllen mir seine Geschichte, die Geschichte eines ganzen Dorfes. Und plötzlich drängen sich vor mir Gestalten – nur Frauen und in der Mitte von ihnen Pittchen – so lebendig, dass man sie berühren könnte. Und da ist ein Stück ländlicher Sittengeschichte. Je weiter ich es abfasse mein Weiberdorf, Roman meines Landes, wird es mein erster historischer Roman. Er hat mir viele Angriffe eingebracht, nicht nur von der Seite der prüden Literaturkritiker. Als ich wieder eine Reise in die Eifel machte, bedrohte man mich, lauerte mir auf. Frauen bewaffneten sich mit Stöcken, Hacken, Rechen, Mistgabeln und machten sich auf den Weg, um sich meiner zu bemächtigen. Dieser Aufruhr gegen meine Person, hinderte übrigens dieses bis dahin unbekannte Dorf nicht daran, Nutzen daraus zu ziehen und sich Postkarten machen zu lassen mit der Bemerkung: „Das Weiberdorf von Clara Viebig“ um künftig auch Neugierige und Touristen zu haben.

Der Erfolg dieses Buches lehrte mich, wo sich die wahren Quellen meiner Inspiration fanden. In dem

Boden selbst meines Vaterlandes. Und er zeigte mir auch, dass ich mich nicht von der realen Welt lösen konnte, denn ich habe keineswegs die Gabe, eine Vorstellung wandern zu lassen, die keine Grenzen kennt. Ich musste unsere Erde bearbeiten, einfahren, was dort wuchs und nur dort wachsen konnte.

Ich habe meine Themen nie gesucht. Es war immer nötig, dass sie mich suchten. Ein Beispiel soll zeigen, wie plötzlich ein Thema auftaucht, das Gewalt über den Schriftsteller gewinnt, dem es bestimmt ist.

Wir verbrachten den Sommer in den Vogesen, in der unvergleichlichen Gegend von Trois-Epis, das Colmar beherrscht. Auf unserem engen Balkon sitzend, betrachtete ich die Hotelterrasse, wo ein sonniger Tag Hunderte von Leuten versammelt hatte. Plötzlich entdeckte ich in der Menge einen alten Soldaten, der an seinem Arm ein junges Mädchen führte. Einer dieser alten Feldwebel, wie man sie noch in der Preußischen Armee finden konnte und die nach zwanzig oder dreißig Jahren Dienst, sich nicht dazu entschließen konnte, seine Kompanie zu verlassen, die er liebte, obwohl er trotz seines Alters, den ganz kleinen Unterleutnants unterstellt war. Dieser Feldwebel mit steifer Haltung und mit seinem alten Kriegerschnurrbart mit diesesm schönen Kind - seine Tochter ohne Zweifel - wo hatte ich sie schon gesehen, ganz gleich? Mit einer fast beunruhigenden Plötzlichkeit kam mir ein Name: Josephine Rinke, die Tochter des Feldwebels Rinke.

In Düsseldorf war ich mit ihr in der Klasse gewesen. Sie war blond wie das junge Mädchen, das ich grade gesehen hatte, genauso fröhlich, genauso hübsch. Sie wohnten in der alten Kaserne der 39er. Diesem riesigen Kasten zum Angst machen, schloss sich ein großer Exerzierplatz an. Als wir kleine Mädchen waren, war es ein wirkliches Ereignis, wenn wir die Erlaubnis hatten, die Kaserne zu betreten. Ein göttliches Glück, sich mit der kleinen Rinke in das Zimmer mit der Kalktünche um den blankgescheuerten Tisch zu setzen. Das Fenster war ganz praktisch, um den großen Platz zu beherrschen, wo die Blauen im Glied exerzierten und wo der Feldwebel Befehle schrie mit einer Stimme, die einem Gänsehaut machte.

Die Erinnerung an Josephine Rinke und ihren Vater, verließ mich nicht mehr. Als wir einige Wochen später von Trois-Epis aufbrachen, hatte ihr Leben, verbunden mit meinen eigenen Erinnerungen, mit Berichten von meiner Mutter, die während des Krieges von 1870 Verwundete in eben dieser Kaserne gepflegt hatte, die Form eines Romans angenommen, des Romans der Stadt Düsseldorf, dieser alten rheinischen Metropole und eines Romans der Rheinprovinz. Deswegen nannte ich ihn „Die Wacht am Rhein". Ich habe lange diesem Titel widerstanden; ich befürchtete, dass man ihn schreiend patriotisch oder tendenziös finde. Absichten, die mir genauso fern lagen, wie sie zu verherrlichen. Ich wollte dem rheinischen Geist geben, was dem rheinischen Geist gebührte und dem preußischen Geist, was ihm zu kam. Und das Motiv meines Romans war die Verbindung dieser beiden Mentalitäten. Vor einiger Zeit hat eine italienische Zeitschrift auf dieses Werk bezug genom-men, um mich „die Cassandra von Deutschland zu taufen". Ich hätte, sagt man, in meinem Buch prophezeit, dass die Rheinprovinzen nicht ertragen können, vom preußischen Geist vergiftet zu werden und sich eines Tages von Preußen befreien werden und Separatismus betreiben werden. Aber es ist genau das Gegenteil, das ich gezeigt habe: Ich behauptete, dass aus der Verschmelzung von

Rheinländern und Altpreußen eine so kräftige Generation entstehen würde, wie diejenige, der ich als Typ meine Josephine Rinke gegeben habe.

Wenn man dieser italienischen Zeitung glauben will, wäre es nicht das einzige Mal, dass ich diesen Spitznamen Cassandra gerechtfertigt habe. In meinem Roman „Das schlafende Heer" soll ich als wahre Seherin vorhergesehen und angekündigt haben den Verlust von Posen. Auch dort hat man mich nicht verstanden. Aber bevor ich von meinem Buch spreche, müsste man sagen, wie ich als Mädchen der Rheinprovinzen dazu gekommen bin, den Roman der Ostmarken zu schreiben.

Meine Eltern sind beide gebürtig aus der Provinz Posen. Mein Vater kam aus einer Familie von Grundbesitzern, die dort seit Jahrhunderten ansässig waren. Im Jahr 1848 wurde er Abgeordneter der Stadt Posen in der Nationalversammlung von Frankfurt. Wenn er von Frankfurt aus, sich nicht mehr im Osten niederließ, so ist das wegen seiner Ernennung zum obersten Beamten in Sigmaringen. Von dort kam er nach Trier, wo ich geboren wurde. Aber wir blieben in fortgesetzten Verbindungen mit den Provinzen des Ostens; als 1883 mein Vater in Düsseldorf starb, wo ich zur Schule ging, zog meine Mutter sich mit mir nach Berlin zurück, und wir verbrachten alle unsere Ferien auf den Besitztümern unserer Verwandten in Posen.

Es ist dort, dass mir meine große Liebe zum Landleben kam, zur Erde, zu den unendlichen Räumen, wo unser Brot wächst. Horizonte ohne Grenzen, Linien von Bäumen, die in der Ferne blau werden, ruhige Teiche von Büschen umgeben, wo auf dem schwarzen Wasser, nachdenklich die weiße Blüte der Seerose schwimmt. Land meiner Väter, verlorenes Land, aber niemals vergessen!

Während ich dort war, erregte die polnische Frage großes Aufsehen in der deutschen Politik. Ohne dass es mir bewusst war, denn ich dachte noch nicht daran zu schreiben, saugte ich mich voll mit dieser Atmosphäre, deren Atem sich durch meinen Roman hindurchspüren läßt, eine Atmosphäre voller politischer, wirtschaftlicher und religiöser Konflikte. Jahrelang glaubte man, dass diese Meinungsverschiedenheiten beseitigt seien. Aber während des Krieges brachen sie los mit der Heftigkeit entfesselter Elemente, diese Konflikte, die man zu beseitigen versuchte, durch Versprechungen oder gemachte Konzessionen - leider - zu spät, diese Konflikte, die zu dem schmerzlichen Verlust nicht nur der Provinz Posen geführt haben, sondern auch eines guten Teils von Oberschlesien.

Nein, dieses ist nicht das Ergebnis, das mein Buch prophezeite. Ich weiß sehr wohl, dass ich dort, wie ein Gespenst, das die zukünftigen Zeiten trüben würde, das Erwachen des Heeres fürchtete, das, wenn man der Legende glaubt, im Lysa Gora schläft, dem polnischen Kyffhäuser.

Ohne Partei zu ergreifen, habe ich am hellen Tag gezeigt, wie man schürte, wie man es verhinderte, die Unzufriedenheit der Polen zu löschen, welche Fehler, zu leicht zu verstehen, die Deutschen gegen die politischen Prinzipien und die Menschlichkeit begingen. Ich hoffte die Mittel und die Wege zu lehren, um diese unruhigen und leicht erregbaren Irredentisten zu zufriedenen Bürgern zu bekehren. Ich hoffte, und dort liegt die Prophezeiung meines Romans, dass das tiefere Verständnis neuerer Generationen die Liebe zum Boden auf dem man sät und erntet, die Verschmelzung zweier Rassen hervorbringen würde, die aufeinander nicht verzichten können. Die eingeschlafene Armee ist aufgewacht, sie hat gessiedt, sie hat den verjagt, den man für ihren Unterdrücker hielt. Der deutsche Adler mit verletztem Flügel musste dem polnischen Adler den Platz lassen. Was mein Roman beschreibt, ist heute in der Geschichte ein Bild der Zeiten, wo Deutschland in Blüte stand.

Den Eindrücken der Ostprovinzen oder der Ostmarken, die mein Werk beeinflussten oder bestimmten, fügen sich die von Berlin hinzu, wo ich seit langem schon mich niederließ. Diese Berliner Eindrücke durchdrängen mich tief, drängten sich mir auf und suchten Form zu finden. Von meinem Fenster aus sah ich in der Straße mir gegenüber das Geschäft, gewölbt wie ein Keller, eines Gemüsehändlers und ich beobachtete unabsichtlich das Kommen und Gehen der Kunden. Das Interesse, das ich daran nahm, wuchs und wurde nach und nach so stark, dass ich mich schon in der Mitte des Geschwätzes der Dienstmädchen glaubte. Ihre Reden, ihre Klagen, ihr Geplapper, ich hörte es, und wie die dicke Gemüsehändlerin zeigte ich Sympathie für das Schicksal jeder Einzelnen. Dieses Obstgeschäft wurde sozusagen die Keimzelle für eine Reihe menschlicher Schicksale und für meinen Roman „Das tägliche Brot". Von all meinen Büchern ist es ohne Zweifel das populärste auf jeden Fall das jenige, das die größte Auflage erfuhr. Man hat es in fast allen Sprachen übersetzt. Vielleicht deswegen, weil es gut zeigt, wie auf der ganzen Welt die großen und die kleinen Miseren, die sich an den Begriff Hausfrau heften, typisch die gleichen bleiben. Es sind in allen Ländern die gleichen Seufzer, wenn man von Dienstboten spricht, obwohl man anerkennen muß, ob man es will oder nicht, dass es unmöglich ist, sie zu entbehren. Mein Roman bemüht sich zu zeigen, dass es nötig ist, alles zu verstehen, um in der Lage zu sein, viel zu verzeihen. In den Ländern, in dem die Entwicklung normal war, kann mein Roman seinen typischen Wert behalten; er hat ihn für uns in Deutschland verloren, denn er würde uns glauben machen, dass wir früher zufrieden in einem Schlaraffenland gelebt haben. Alles hat sich so sehr geändert! Ich bewahre diesem Buch einen gewissen Dank: Es hat mir das Vertrauen vieler Leute gebracht. Junge Mädchen und Frauen, kamen zu mir und sagten: „Sie verstehen uns. Ihr Herz ist uns nicht verschlossen". Worte, die ich während des Krieges wiederholen hörte, als wir nur noch Mütter, Frauen waren, deren Söhne und Ehemänner auf den fernen Schlachtfeldern bluteten. So war es mir leichter, als Trösterin zu wirken.

Mehrere Jahre nach dem „Täglichen Brot" habe ich aus der Heldin, die mir sehr lieb geworden war, die zentrale Figur eines anderen Romans gemacht. Das Schicksal meiner armen Mine vollendet sich in „Eine Handvoll Erde". Dieses Werk ist geboren aus meiner Liebe für das Stückchen Erde, was ich besitze und das ich vor einiger Zeit vor den Toren Berlins erwarb. Das ist ein Roman von dieser Nostalgie, die nicht aufhört den zu verfolgen, den die Mauern der großen Stadt einkerkern, nach einem Klumpen Erde, die er sein Eigentum nennen kann. Meine Heldin ist nur eine arme Frau, vom Leben verbraucht; an den Schrebergarten des weitentfernten Vororts wendet sie eine unendliche Liebe und eine große Mühe, um etwas wachsen zu lassen im Sand, etwas Gemüse und etwas Obst. Aber von allen Figuren, die ich gezeichnet habe, ist es die, als deren Schwester ich mich fühle. Sie selbst, ihr Schicksal gleicht in nichts auf der Welt dem, wo ich lebe, und dennoch könnte ich sagen, dass ich es bin, die Modell gestanden hat. Nicht wie in meinen ersten Werken, wo es unbewusst war, durch reinen Instinkt, dass ich mich auf mehr oder weniger getreue Weise nachahmte, als ich meine Heldin skizzierte. Nein, in diesem Buch wollte ich sehr wohl eine Frau zeichnen, die so unähnlich sie mir auch war, im Grunde ihres Herzens die gleichen Gefühle trägt. Sehen sie, wie schwierig es ist, wenn man nicht in die Arbeit des Schriftstellers eingeführt wurde, auf die Frage zu antworten, die man sich so oft stellt: „Bedient er sich irgendwelcher Vorbilder? Wie benutzt er sie?"

Die große Epoche des Jahrhunderts, in der ich geboren wurde, hatte ich schon unter rheinischem Einfluss in der Wacht am Rhein gezeigt. In ganz verständlicher Weise versuchte ich das Bild mit dem Berliner Milieu zu verknüpfen . Die Entwicklung Berlins faszinierte mich. Ich erinnere mich noch genau an die Wiesen, Roggen- oder Kartoffelfelder, die sich dort erstreckten, wo jetzt ganze Straßen vibrieren vom Geschäftsfieber, wo sich große Geschäfte erheben und die Anhäufung von Mietskasernen. Diese Entwicklung einer riesigen Metropole, die ihre Tentakel noch immer weiter streckt, ist eng verbunden mit der politischen Entwicklung Deutschlands und folglich mit der großen Figur Bismarcks. In meinem Roman „Das Eisen im Feuer", der mit der Revolution von 1848 beginnt und schließt mit den Begeisterungsschreien nach Königgrätz, habe ich als zentrale Figur einen Berliner Schmied genommen, strotzend vor Kraft, überschäumend von Leidenschaft, einen Schmied, dessen Taten und Schicksal offensichtlich nichts gemein haben mit dem Mann, der das Reich schmiedete, die dennoch beide diese unwiderstehliche Kraft symbolisieren, wie die Elemente der Natur, die die

Menschen beherrschte und formte und das Reich schuf. Ich glaube nicht, dass ich in diesem Roman Chauvinismus gezeigt habe. Und auch keinen Nationalstolz.

Mein zweiter Berlinroman „Die vor den Toren" beginnt mit dem triumphalen Einzug der Sieger von 1870 durch das Brandenburger Tor. Aber diesem stolzen Augenblick folgt bald diese Zeit, die man die Zeit des Aufbruchs nannte und die in vielen Zügen so traurig an die augenblickliche Zeit erinnert. Mein Roman zeigt, wie der Rausch der Geschäfte vielen Bauern am Stadtrand den Kopf verdreht und wie die Gier zu verdienen ihnen die Moral nimmt. Zur gleichen Zeit, wie ich die Geschichte verschiedener Familien erzähle, erzähle ich die Ausweitung und Entwicklung Berlins. Auf allem lastet der Fluch zu schnell angehäufter Reichtümer. Es hat mich erschüttert, festzustellen, dass ich richtig gesehen hatte: Dem Verlust der Moral folgt die Degeneration, dann kommt das Verbrechen. Erinnern sie sich an den Sensationsprozess, der vor einigen Jahren die Zeitungen füllte? Dieser Mord an einem jungen schlesischen Gutsherrn, getötet von seinem Onkel, in seinem Haus nicht weit von Hirschberg aus Gier, um zu erben. Dieser arme kleine Dörte war der Sprössling einer dieser Familien von Tempelhof, die für meinen Roman Modell standen.

Der südliche Vorort, wo meine Handlung spielt, hat seit langem jeglichen ländlichen Charakter verloren und ist mit der großen Stadt verschmolzen. Aber im Westen, weit vom Zentrum, haben ihn andere Vororte ersetzt, die ihr ländliches Aussehen bewahrt haben. In einem dieser Vororte wohne ich schon bald seit siebzehn Jahren, und dort habe ich den Krieg erlebt. Denn auch wir haben den Krieg durchlebt und erlitten, wir, die wir nicht an der

Front waren; außer der grenzenlosen Unruhe, unsere Liebsten in Gefahr zu wissen, hatten wir die banale, aber brennende Sorge ums tägliche Brot, das fehlte: Wir hatten bei uns das Abbild des Krieges.

Einen Kriegsroman zu schreiben, im wahren Sinne des Wortes, hieße meine Kräfte zu überschätzen. Aber ich konnte und musste den Roman ‚unseres' Krieges schreiben. Der Stoff fehlte nicht. Er häufte sich an und drängte sich mir jeden Tag dringlicher auf. So entstand „Die Töchter der Hekuba". Als ich diesen Titel wählte, dachte ich nicht einen Moment daran, dass der Tag für uns käme, wo wir den Fall des heiligen Trojas sehen würden. Das war mein Vaterland, das Hekuba in Tränen symbolisierte, die unglücklichste der Mütter, die all ihre Söhne fallen sieht. Ich habe aus diesem Werk den Roman der Mütter gemacht. Das Problem Mutter und Sohn hat mich oft beschäftigt; in all meinen Büchern spielt es irgend eine Rolle. In den Töchtern Hekubas ist es mit seiner zermalmenden Kraft die wesentliche Frage. Dieses Buch kann nicht damit rechnen, viel gelesen zu werden, heute wo man nichts mehr vom Krieg und seinen Schrecken hören will; aber es ist meiner Überzeugung, dass man es in einigen Jahren als Dokument würdigen wird, Zeugnis dieser Stunden, derer sich die deutschen Mütter nicht schämen müssen.

Die Hoffnung, der Glaube, die den Töchtern Hekubas den Mut gaben und die Kraft nicht zu verzweifeln, wir mussten sie untergehen sehen, ertränkt in dem blutigen Sumpf, der bis zu unserm Vaterland seine Wellen immer hö-her rollte und sich mischte mit der roten Flut der Revolution, die über Deutschland hereinbrach. In der Fortsetzung der Töchter Hekubas in „Das Rote Meer" habe ich diesen Zusammenbruch aller Hoffnungen gezeichnet; das Buch erzählt die ersten Stunden unseres Falls.

Man wird leicht verstehen, dass ich nach diesem Werk meine Feder mehrere Jahre ruhen ließ. All meine Gedanken, mein ganzes Wesen waren am Boden zerstört von dem Unglück, das Deutschland getroffen hatte. Ich sah nichts, was meinen Anblick erfreute. Es ist noch mal mein kleines Land, das Moselland, das mir die Kraft zum Schreiben zurückgab. Ich weiß sehr wohl, dass in der Zwischenzeit mein kleines Land von den Alliierten besetzt worden war. Es gab mir jedoch ein Thema, das mich buchstäblich berauschte. Als ich mit einem Freund durch die Tiefen des Waldes meiner lieben Eifel ging, befanden wir uns plötzlich auf einem Felsüberhang, der die Mosel beherrschte und der eine alte winzige Kapelle trug. Ein Pfad glitt durch die Felsen und schlängelte sich ins Tal. „Wir sind hier", sagte mein Freund, am Reiler Hals. „Es ist in dieser engen Schlucht, wo vor hundert Jahren Schinderhannes und seine Bande Reisende auflauerten und sie ausraubten. Vielleicht brachten sie sie auch um. All das trotz der französischen Truppen, die auch damals unser rheinisches Land besetzten".

Es war nicht das erste Mal, dass ich von Schinderhannes und seiner Bande hörte, aber ich hatte keineswegs daran gedacht, dass der populäre Räuberhauptmann, dieser Held blutiger Geschichten, die den Beutel der Kolporteure füllten, sich mir eines Tages als Romanthema aufdrängen könnte. Dieser Gedanke verließ mich nicht mehr. Ich habe in der Tat eine gewisse Schwäche für Kriminalthemen. Dies kommt aus der Zeit, wo ich in Trier wohnte. Ich wohnte bei einem unserer guten Freunde, der Untersuchungsrichter war. Wenn er vor Ort untersuchte, nahm er mich oft mit. Während er sich seiner Aufgaben entledigte, ging ich spazieren oder ich erwartete ihn in der Herberge und sperrte Augen und Ohren auf. Viele meiner Erzählungen, Samson und Dalila, Die Schuldige, Josepha Seweneich haben keine andere Herkunft. Derjenige meiner Romane, der in dem Teil der Eifel spielt, der an Belgien grenzt, „Das Kreuz im Venn“, und auch „Absolvo te“, die Geschichte einer Vergifterin, bezeugen ebenfalls meinen Geschmack für Kriminalfälle. Mich interessierten aber nur die Verbrechen, die mir ein psychologisches Problem zu Lösen gaben. Ich sorgte mich kaum um einen Plünderer, einen Wegelagerer. Aber in der Tat: War Schinderhannes ein gewöhnlicher Räuber? Könnte man seinen Fall nicht psychologisch erklären? Plötzlich, als ich ihn wieder in seine Zeit stellte, in die Bedingungen, die die große französische Revolution im Rheinland und an den Ufern der Mosel geschaffen hatte, zeigte er sich in einem anderen Licht. War er nicht bestimmt durch diese Zeit, durch diese besonderen Bedingungen? Sie hatten eine Anzahl ähnlicher Banden entstehen lassen. Als ich damit begann die Jahre der Besetzung zu studieren, die der Revolution folgten, enthüllt sich ein stechendes Bild, das mehr als eine beängstigende Affinität mit unseren Tagen zeigt. Mehr als von dem populären Schinderhannes, der es verstand, sich durch eine gewisse unverschämte Anmut und seinen rheinischen Humor, Sympathien zu sichern, wurde ich von seinem Gegenstück Hans Bast angezogen, den dunklen Schmied von Krinkhof, legendenumwoben, der kriminell wurde, weil man ihm die Ehre geraubt hatte. Meine Personen kämpfen für ein Recht, das sie für ein Geschenk der Freiheitsbäume hielten, diese Symbole der Menschenrechte, die man in Frankreich pflanzte, im Rheinland und um die man das Volk tanzen ließ. „Unterm Freiheitsbaum“, mein neuer Roman, konnte keinen anderen Titel haben. Baum der Freiheit, Bild der erhabensten Güter, um den sich Leidenschaften und Laster zügellos entfesseln. Was dem Volk das Glück bringen sollte, wendet sich zu seinem Unglück. Man spricht von Rechten, Freiheiten, aber diese Zeiten französischer Besatzung stehen unter dem Zeichen des Zwanges und der Gewalt. Ich bemühe mich davon ein getreues Bild zu geben, historisch wahr. Ich überlasse dem Leser die Mühe, eine Parallele mit der gegenwärtigen Zeit zu ziehen.

Quelle: Sammlung Bial
Übersetzung: Frau Maria Lenz StD.,Oberkail

Wie, warum, für wen ich schreibe

Sicher haben wir alle beim Lesen irgendeines Buches uns schon einmal gefragt: wie mag sein Verfasser - oder seine Verfasserin - gerade zu der Gestaltung dieses Schicksals, der Aufzeichnung jenes Geschehens gekommen sein? Woher schöpften sie ihre Anregungen? Wie mögen in ihrem Kopf jene Welt und jene Menschen entstehen, die ihre Bücher widerspiegeln? - Und warum führen sie uns gerade in diese Welt? Hat der Dichter vielleicht seine besonderen Wünsche an uns, während wir sein Buch lesen? Und ist es wahr, dass Frauen in erster Linie für die Frau schreiben, wie es oft heißt?

Clara Viebig:

„Wie? warum? Für wen? -

Es ist wie beim alten Kinderspiel: ‚Drei Gewissensfragen beantworten!' Das war beim Pfänderauslösen eine beliebte Aufgabe, hochnotpeinlich für einen selber, denn der ganze Kreis der Gespielen lauschte neugierig, und etwas umgehen oder gar lügen, das gab's nicht.

Und genau so ergeht es mir heute bei diesen Fragen. Es ist mir schwer, kurz und klar die Triebfeder meines Schaffens zu nennen. Denn im Grunde waren und ist es nicht eine, sondern viele, und bei jedem Werk eine neue, und bei jedem eine andere, und aufdecken kann ich sie auch nicht, denn sie liegen vergraben, versteckt zwischen all jenen Regungen, die da heißen: Mitleid, Sehnsucht, Schmerz, Empörung, Zorn, am meisten aber wohl Liebe.

Es ergeht uns Schriftstellerinnen immer wieder so, dass einer zu uns kommt: „Ich habe einen wundervollen Stoff, aus dem Sie einen Roman machen müssten!" Und dann erzählt er eine lange Geschichte, die ihm selbst, der sie erlebte, abenteuerlich und spannend scheinen mag, und man hört zu, - ohne eine Beziehung zu ihr zu finden. Und dann trägt uns der Zufall im Vorbeigehen ein Wort, eine kurze Begegnung, eine kleine Beobachtung zu - und aus ihr entsteht ein Roman...

Und ebenso wenig wie ich selber kaum weiß, was mich dazu trieb, dieses und jenes Buch zu schreiben, das Geschick anderer zu dem meinen zu machen, mich eins zu fühlen mit jener Frau da, mit jenem Mann dort, ebenso wenig weiß ich, ob ich einen bestimmten Erfolg mit meinem Schreiben erstrebt habe. Ich schrieb eben, weil ich so schreiben musste. Ich habe früher oft gesagt: Mir ist immer, als sage mir einer inwendig alles vor. Sparsam mit Worten im Umgang mit den lebendigen Menschen, bin ich beredt in der Unterhaltung mit jenen, die meine Feder heranwinkt aus der Gestalten Menge.

Und ich glaube, der Leser hat mich und mein Buch immer da am besten verstanden, wo ich mich selbst am aufrichtig-sten gefühlt habe..."

Quelle: Sammlung Bial
Elli Tschauner, Dichterinnen zu ihrem Schaffen

Die weibliche Feder

Als ich vor ungefähr dreißig Jahren meine ersten kleinen Arbeiten veröffentlichte, riet mir Paul Lindenberg, der damals Herausgeber einer Korrespondenz für Zeitungen war und sie in derselben drucken wollte, statt meines ehrlichen Taufnamens „Clara“ mich mit einem einfacheren „C.“ zu begnügen. Er meinte, Publikum und Redakteure hätten nun einmal ein gewisses Misstrauen gegen die weibliche Feder, besonders, wenn die Autorin noch unbekannt sei; es wäre vorteilhafter für mich, wenn man hinter dem „C.“ einen Carl oder Clemens oder Constantin vermutete. Mir war das sehr gleichgültig, und ich gab meine Zustimmung; der erfahrene Herausgeber musste es ja am besten wissen, wie man einen neuen Autor fördert. Aber ich habe keinen Augenblick geglaubt, dass diese kleinen rheinischen Erzählungen, die in all ihrer Harmlosigkeit den Stempel, wenn auch nicht der späteren Clara Viebig, so doch den einer Frau als Verfasser trugen, wirklich für Produkte männlicher Erzählungskunst angesehen werden könnten. Dennoch sind damals die ersten Briefe, die mit der Bitte um Beiträge von Redaktionen an mich kamen, unter der Anschrift eines Herrn C. Viebig an mich gelangt. Es muß also nicht so leicht sein, die weibliche Feder als solche zu erkennen - oder es muß viele Männer geben, die, wenn sie die Feder führen, ihre Männlichkeit verleugnen.

Die Bedeutung, die der Frauenroman besaß, und die besondere Würdigung, die er fand, hat es nicht verhindert, dass viele bedeutende schriftstellernde Frauen geglaubt haben, sich den Helm einer männlichen Pseudonymität aufstülpen zu müssen. Das klassischste Beispiel dafür ist im vorigen Jahrhundert eine George Sand.

Durch und durch Frau im Leben und im Schreiben - trotz der starken Zigarren, die sie geraucht, und trotz des starken Tabaks, den manche ihrer Romane für die damalige Zeit bedeuteten - hat sie den männlichen Decknamen nicht entbehren zu können geglaubt. Sie hat damit auch in Deutschland Schule gemacht. Daniel Stern allerdings, die Mutter von Cosima Wagner, obgleich in Frankfurt von deutschen Eltern geboren, war als Comtesse d'Agoult mehr Französin als Deutsche, aber Karl Detlef, hinter dessen vielgerühmtem Namen sich die Schauspielerin Caroline Bauer verbarg, und Moritz von Reichenbach, hinter dem die Gräfin Bethusa Hye steckte, und noch viele andere große und kleine Geister haben ihre Weiblichkeit so verleugnet. Selbst so viel gelesene Schriftstellerinnen wie Eugenie John und Elisabeth Bürstenbinder haben es nicht verschmäht, als E. Marlitt und E. Wernes, die nicht Wissenden über ihr Geschlecht im unklaren zu lassen. Haben Sie damit wirklich die Weiblichkeit ihrer Feder - eine Weiblichkeit, die, trotz aller Talentiertheit, für uns einen leisen Beigeschmack besitzt, der uns jetzt nicht mehr mundet - erfolgreich verleugnen können?

Als die Begründerin des deutschen Frauenromans, Sophie von Laroche, die Großmutter von Clemens Brentano und Bettina von Armin, ihre „Geschichte des Fräuleins von Sternheim" erscheinen ließ, war das deutsche Lesepublikum für die Werther-Stimmung, die in Tränen badet, in Liebe, Entsagung und Edelmut sich gar nicht genug tun kann, gerade reif geworden. Der Genius Goethes konnte sie in seinem Werther zu ewigem Gedächtnis einfangen, während die Laroche mit ihrem Roman nur der „weiblichen Feder" das Gepräge gab: ein Gepräge der Sentimentalität, Unwahrhaftigkeit und Übertreibung.

Und so mag es denn wohl gekommen sein, dass viele Schriftstellerinnen, auch solche, die von diesen fälschlich als nur weiblich verschrieenen Eigenschaften völlig frei waren, sich aber auch vor dem Odium, das der weiblichen Feder nun einmal anhaftete, fürchteten und sich durch das männliche Pseudonym zu verbergen wünschten. Sind es aber wirkliche Könnerinnen gewesen, so ist ihren Werken ihre Persönlichkeit so aufgeprägt, dass kein Verständiger einen Zweifel an dem Geschlecht des Autors haben kann. Sind Sie aber Stümperinnen, die ihr kümmerliches Bettelsüppchen an dem Feuer, das mehr oder weniger berühmte Vorbilder angezündet haben, kochen, so finden sie auch im Heer der schriftstellernden Männer viele ihresgleichen; der stolze Männername, unter dem ihr Werk erscheint, kann es nicht schmackhafter und wertvoller machen. Ein rechtes Weib und eine rechte Könnerin - wie sie auch hieße - wird aber immer ein Werk schaffen, in dem sie sich selbst niemals verleugnet.

Ja, mit der Feder ist es eben ein eigen Ding! Eine Pfauenfeder ist sie leider - ob männlich, ob weiblich - sehr häufig. Und auch nicht jede männliche Feder ist die eines stolzen Schwanes, und nicht jede weibliche Feder die - eines ihm ähnlichen Vogels.

Quelle: Archiv Clara-Viebig-Gesellschaft

Clara Viebig am Schreibtisch
an ihrem 90.Geburtstag

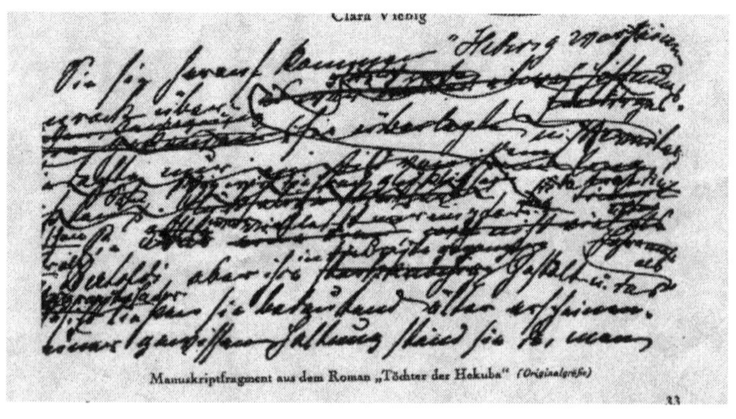

Manuskriptfragment aus dem Roman „ Töchter der Hekuba“

Meine Arbeitsweise

Ich arbeite schwer und bin nicht leicht zufrieden mit dem, was ich schreibe. Jeder Schaffende wird immer wieder und wieder feilen und bessern, bis er schließlich die endgültige, allein mögliche Form gefunden hat. Ich arbeite nicht mit dem Auge, sondern mit dem Ohr. Auf jeden Tonfall kommt es mir an. Das Musikalische des Stils bestimmt meine Arbeitsmethode. Erst wenn ich durch stetes Bessern, Weglassen, Zusetzen, Verschieben die Form gefunden zu haben glaube, die die letzte, die beste ist, dann gehe ich ans Diktieren der Reinschrift. Und auch beim Diktieren hilft mir das Ohr zu weiteren, letzten Verbesserungen, nicht zu den allerletzten. Diese können erst angebracht werden, wenn das Auge dem Ohr zu Hilfe kommen kann, wenn die Druckbogen zur letzten Durchsicht vor mir liegen. So haben Auge und Ohr schließlich gleichen Anteil an der künstlerischen Formgebung. Auch dem Leser soll jedes Gespräch, das er liest, so klingen, als sei es wirklich so und nicht anders geführt, kein Wort darf ihn stören als nicht der Situation entsprechend, nicht dem Charakter des Redenden angemessen. Auch der Leser muß die Rhythmik der Prosa empfinden, den dichterischen Reiz der Wortfolge, die Plastik der Beiworte, die Schlichtheit des Satzbaues. Und sein Auge soll die Gestalten leibhaftig vor sich sehen, die ich gezeichnet habe. „Sieht man's?" Das ist die ewige Frage, die ich an mich richte, wenn ich Geschriebenes überprüfe.

Und noch eins ist mir wichtig. Niemand darf merken, ob und wie schwer ich mit dem Stoff gerungen habe. Ich habe bei meinen historischen Romanen, zu denen ich teilweise ein gewaltiges Material bewältigen musste, ehe ich die Feder ansetzen konnte, meinen Stolz darein gesetzt, dass niemand die Hebel mit Schrauben bemerkt, mit deren Hilfe ich die

Blöcke gewälzt habe, die den Bau bilden. Nur nichts Lehrhaftes! Es muß alles wie selbstverständlich erscheinen. Schriftsteller müssen oft Dinge beschreiben, die sie nur durch Bücher kennen oder kennen lernen können. Wenn sie das Meer, das sie nie gesehen, das Schiff, das sie nie bestiegen, den Urwald, den sie nie betreten, die Fabrik, in der sie nie gearbeitet, das Zeitalter, in dem sie nie gelebt haben, ihren Lesern schildern, so darf man im Kunstwerk nicht einen vielseitigen Gelehrten, sondern muß den Künstler finden, der all dies vermöge Intuition geschaffen zu haben scheint.

Aus diesen meinen künstlerischen Grundsätzen beantworten sich Ihre Fragen von selbst. Das große Ganze des Werkes muß im Geist vor mir stehen, ehe ich die Feder ansetze. Die Einzelheiten aber ergeben sich zwingend während der Arbeit aus den vorhandenen Faktoren, insbesondere aus den Charakteren, ihrer Umwelt, den Situationen, in die sie geraten war.

So ist überhaupt die Zeit der Niederschrift eines Werkes eigentlich die geringste Arbeitszeit. Ehe es zur Niederschrift kommt, ist der allergrößte Teil der Arbeit getan. Jeden Augenblick werden wir künstlerisch beeindruckt, ohne es selbst zu wissen. Und die Zeit, ehe in uns ein Wirken zum Licht drängt, ist unsere schwerste, arbeitsreichste und glücklichste.

Wenn Fontanes Wort: „Erst der Fleiß macht das Genie" auch nicht absolut richtig ist, es enthält doch einen großen Wahrheitskern. Ohne Fleiß wird das größte Genie nichts Vollkommenes hinterlassen.

Daher ist für alle, die in der Kunst zur Höhe streben, Zolas Wort am Grabe Cezannes das Leitwort, das über der Tür jeder Kunstwerkstätte - sei es die eines Malers oder Musikers, eines Dichters oder Bildhauers - stehen soll: „Travaillons!"

Quelle: Uhu, Das Ullstein Magazin, Berlin 1925

Der Zeitungsroman

Unter dem Gesichtswinkel betrachtet, dass der Zeitungsroman in erster Linie für die Frau bestimmt ist, dürfte das Urteil einer Dichterin, Clara Viebig, von besonderem Reiz sein. Sie schreibt:

„Auf Ihre Frage: ‚Wie urteilen Sie über den Zeitungsroman?‘ muß ich Ihnen antworten, dass ich den Begriff Zeitungsroman überhaupt nicht gelten lasse. Wenn damit ein Roman gemeint ist, der beim Abdruck in einer Zeitung das Interesse der Leser findet, so ist immer erst noch festzustellen, um welche Leser es sich handelt. Das einzige, was ihn zum Zeitungsroman qualifiziert, ist die Technik, in der er geschrieben ist, eine Technik, die es gestattet, trotz der verhältnismäßig kleinen Fortsetzungen einen Eindruck zu gewinnen. So fallen also alle solche Romane nicht unter dem Begriff Zeitungsroman, die handlungsarm sich lediglich auf psychologische Analyse beschränken. Dagegen werden alle Romane, die eine klare und packende Handlung an scharf gezeichnete Charaktere knüpfen, so literarisch wertvoll und hochstehend sie auch sein mögen, durchaus für den Zeitungsabdruck geeignet sein. Ich wüßte wenigstens keinen guten derartigen Roman, der von vornherein als Zeitungsroman unbrauchbar wäre. Es kommt natürlich auf den Leserkreis der betreffenden Zeitung an.

Diese meine Ansicht hindert nicht, dass sehr viele schlechte Romane als Zeitungsromane Verwendung finden und von den Redakteuren und den Lesern hoch geschätzt werden. Aber ich glaube nicht, dass dies eine Besonderheit des Zeitungsromans ist, sondern es ist eine Feststellung, die Sie ebenso gut in Leihbibliotheken und Bahnhofsbuchhandlungen machen können.“

Die Abhandlung wäre nicht vollständig, wenn das Urteil eines Kritikers und Ästheten von Rang fehlte. Darum möge Alfred Kerr das Schlußwort haben.

Er sagt: „Zeitungsroman? - Wertung zwecklos. Denn abgeschafft wird er doch nicht. Also: Möglichst geschlossene Raten. Buchroman kann durch Zeitungsroman gewinnen. Denn Zeitungsroman lehrt: keine toten Punkte.“

Quelle: Schlesische Monatshefte
Blätter für Kultur und Schrifttum der Heimat
Hrg. Kulturbund Schlesien, 44, Jahrgang VI, April 1929,
Vom Wesen des Zeitungsromans,
Eine Umfrage von Dr. Emil Maxis

Das Briefeschreiben...

Das Briefeschreiben war mir stets eine Last und wird es von Jahr zu Jahr mehr. Ich habe nie begriffen, welche Freude es unsern Müttern, Großmüttern und Urgroßmüttern gemacht haben kann, lange Briefe zu schreiben. Und besonders der, der alles, was ihn innerlich bewegt, in seine künstlerischen Arbeiten legen soll und muß, wie kann der überhaupt das Bedürfnis haben, sich in Briefen auszusprechen?

Den Zwang, im Brief künstlerisch zu gestalten, habe ich ebenso wenig gefühlt, wie das Bedürfnis, mein Erstlingswerk, wie erfüllt es auch von intimstem Eigenleben gewesen sein mag, in der Ichform zu schreiben.

Quelle: Die Literatur 1926/6

Ich – und die Zeitung

Es ist ein sehr weites Feld, auf das Sie mich mit ihren Fragen locken wollen. Und ich sehe in der Ferne ein Ziel, zu dem ich niemals hingestrebt habe, in der klaren Erkenntnis, dass ich es nie erreichen würde, obgleich es mich oft in Versuchung geführt hat. Ich habe kein Talent zum Journalismus: bei mir braucht ein Stoff lange Inkubationszeit, ehe er sich zu künstlerischer Form verdichtet. Mir fehlt die Leichtigkeit, die schnelle Anpassung an die Bedürfnisse des Tages, die ich bei den Künstlern des Feuilletons bewundere. Meine wenigen Betätigungen auf diesem Gebiet waren die des Amateurs: ich kann der Zeitung wenig geben.

Aber ich müsste lügen, wollte ich behaupten, dass sie mir viel gibt. Ich bin weder eine eifrige Zeitungsleserin, noch suche ich nach Stoffen aus dem täglichen Leben in ihr, wenn ich auch sehr oft von ganz unscheinbaren banalklingenden Notizen aufs tiefste gepackt werde, und solche Erschütterungen nach Jahren in irgend einem Werk ihren Niederschlag finden. Aber gebraucht habe ich trotzdem die Zeitung sehr oft. Als ich meine „Wacht am Rhein“ schreiben wollte, als ich meine Studien fürs „Schlafende Heer“ machte. Immer waren es alte Jahrgänge der Tageszeitungen, die mir wertvollste Dienste geleistet haben. Dabei nutzten mir nicht einmal die Leitartikel oder die Tagesnachrichten am meisten. Oft habe ich aus einem Inserat, einem „Eingesandt“ wichtiges Zeitkolorit für meine Zwecke herausgefunden. Ist das nun ein berufsmäßiger Anspruch, den ich damit an die Zeitung geltend gemacht habe? Ich weiß es nicht. Jedenfalls sind Tageszeitung und Zeitschrift die oft siegreichen Konkurrenten der Bücherschreiber. Und auch wir sollen unsere Konkurrenten lieber überschätzen als unterschätzen – in beiderseitigem Interesse.

Quelle: Deutsche Presse Nr. 22/1930

Clara Viebig 1947

Dichterschmerzen

Der Weg zum Erfolg, so sagt man, ist mit Enttäuschungen gepflastert, und manche Nessel wächst an seinem Rand; aber hat man den Erfolg erreicht, so vergisst man leicht, wie weh die harten Steine den Füßen taten und wie schmerzhaft die Nesseln brannten. Vergessen ist auch jener böse Mann, der uns als Erster aus der langen Reihe von Redaktionen das Manuskript zurücksandte, vergessen der Verleger, der uns den ersten, wenn auch höflichen Korb gab.

Ich hatte in den neunziger Jahren bereits mit kleinen Novellen und Plaudereien, wie sie Tageszeitungen und Familienblätter – damals wie heute – gerne drucken, debütiert. Man bezahlte mich gut, und das schien äußerlich für mich eine Hauptsache, denn ich, die von der Musik zur Schriftstellerei hinüber gewechselt, musste suchen, die durch Vermögensverluste kritisch gewordene Lage meiner Mutter und damit meine eigene zu bessern. Äußerlich ging also alles schön glatt – und innerlich? Es ist schon so lange her, dass ich mich nicht recht mehr zu erinnern weiß, wie mir bei diesen niedlichen Kleinigkeiten zumute war, ob ich überhaupt schon etwas vom Hauch wahrer Kunst verspürte. Da gab mir ein Freund Zolas „Germinal“ zu lesen, und wie ein Donnerschlag dröhnte es plötzlich über mir und schmetterte mich fast zu Boden; Blitze zuckten und erleuchteten das Halbdunkel meiner Gedanken. Ich sah, hörte, fühlte auf einmal, legte meinem Temperament keine Zügel mehr an. Ich ließ meine Heldin, die Bauernmagd Barbara Holzer, aus ihrer Umwelt herauswachsen, ließ sie schuldig werden und in stolzer Unbekümmertheit bekennen.

Ich war sehr glücklich über diese Arbeit. Oh, in welch seligen Träumen wiegte ich mich! Zustimmung, Anerkennung, ja, großer Erfolg zeigten sich mir in berauschenden Phantasien. Die ziemlich umfangreiche Novelle „Die Schuldige“ wurde in sicherer Hoffnung ausgeschickt und - kam zurück. Immer wieder zurück, zurück, zurück.

Das war mir damals eine schwere Enttäuschung, aber während ich dies hier schreibe und an meinen damals so großen Kummer zurückdenke, muß ich lächeln. Und ich lächle glücklich, denn jene erst starke Enttäuschung war mein erster Erfolg. Sie machte mich selber stark, indem sie meinen Trotz weckte, meinen Willen stützte zur Wirklichkeitskunst, jener ewig wahren Kunst, die, fern von einem niederziehenden Naturalismus, mit den Füßen zwar auf realem Boden steht, die Seele aber zu jenen Höhen erhebt, auf denen Sehnsucht und Sterben, heißes Ringen und endliches Erkennen sich zur Vollendung einen.

Paul Lindau erzählt in seinen Erinnerungen ein Erlebnis von Emile Augier. Dieser saß als hochgeehrter Autor und erfolgreicher Dramatiker im Büro von Jules Clarétie, dem beherrschenden Leiter des Théatre Francais, als der Diener eine Karte hereinbrachte, bei deren Anblick Clarétie ärgerlich auffuhr:

„Kommt der Mensch schon wieder? Ich bin nicht zu sprechen. Schmeißen Sie den Kerl raus!“

Agier schielte auf die Karte und erbleichte. Was er da las, war der noch vor wenigen Jahren hochgefeierte Name – Eugéne Sribe!

Diese Geschichte hat mich erschüttert, sie hat mir zu denken gegeben, und sie wird jedem zu denken geben, der sich klar macht: erst wenn du nichts mehr kannst, oder wenn das, was du vielleicht noch kannst, keine Gegenliebe mehr findet. Dann kannst du in Wahrheit von deiner ersten Enttäuschung sprechen.

Quelle: Sammlung Bial

Nimm und lies!

„Nimm und lies!“ sagte die kleine Susanne, meine Enkelin, die seit einigen Tagen zur Schule geht, und reichte mir ihr Heft, indem sie mit großem lateinischen Buchstaben in Buntstift den Satz gemalt hatte: Leo hole meine Leine. Zu meiner Schande muß ich gestehn, dass ich diese mir gänzlich ungewohnte lateinische Druckschrift nicht gleich lesen konnte und ganz verblüfft das Kind an sah, das hier den ersten Schritt auf der Bahn zur Schriftstellerin getan hat. Wie ganz anders war mein Beginn! Mit „rauf – und runter“ habe ich angefangen. Das war doch wenigstens symbolisch - „Rauf - runter - runter - rauf“ Symbol für die Laufbahn des Schriftstellers wie für das Leben überhaupt. Aber ist dieser Satz im Schulheft meiner Enkelin nicht auch symbolhaft? Nicht mehr der Buchstabe, der Laut, das Wort ist am Anfang - am Anfang war der Satz! Am Anfang nicht mehr das mühsame Klimmen, als welches sich die deutsche Schrift darstellte, am Anfang schon das Monumentale, das Meißeln wie in Granit.

Ist dieser jüngsten Generation, die so in die Welt der Wissenschaft und Kunst eingeführt wird, noch ebenso die Freude an den Büchern, die die Seligkeit meiner Kindheit waren, beizubringen? Ich weiß es nicht und warte neugierig ab, ob die Freude an den Märchen, die ich erzählte, an den Bildern, die ich ihnen zeigte, den Enkelchen unvermindert bleiben wird. Denn das war es ja, womit ich den erwachenden Geist der Kinder zu beschäftigen, ihre Phantasie zu beleben, ihr Empfinden zu wecken suchte: der Märchenschatz meiner eigenen Kindheit, die Bilderbücher, die Generationen überdauert hatten und an ihnen ihren alten Zauber erweisen konnten. –

Ich war ein rechtes Lesekind, und Märchen waren meine ganze Wonne; Bechstein und Andersen die Freunde meiner Kindheit. Und die alten zerlesenen

Exemplare, aus denen ich heut noch den Kleinen vorlese, haben mir ihre Verfasser lebendig gemacht und lebendig erhalten.

Wenn eine neue Generation von Pädagogen sich über Menschenfresser mit dem großen Messer, über die böse Stiefmutter, die sich freut, Schneewittchens Lunge und Leber gebraten zu verspeisen, über die grausamen Eltern, die ihre Hänsel und Gretel gewissenlos dem Hungertod im Walde preisgeben oder über unsoziale Gesinnung, die ein Aschenbrödel als Dienstmagd, als dumme Gans aus der Stube in die Küche verweist, entrüstet und fürchtet, dass die mit solchen Märchen genährte Jugend verroht, dass ihre Seele vergiftet wird, so bekenne ich offen, dass ich mit glühenden Wangen solche Märchen in mich aufgenommen und keine verrohende Wirkung gespürt habe. Sind unsere Kinder heute empfindlicher oder empfänglicher, als wir es vor zwei Menschenaltern waren? Führen die Märchen aus einer grauen Wirklichkeit sie fort in ein goldschimmerndes Land der Phantasie, die ihnen zeigt, was sich nie und nirgend hat begeben und daher ewig jung bleibt, oder tragen sie den Alltag mit hinüber ins Märchenland, entzaubern es und sehn in der Hexe, die Hänsel und Gretel in den Ofen stecken will, die Megäre, die im nächsten Hof ihre Kinder verprügelt, im Menschenfresser mit dem langen Messer den Trunkenbold, der, gefährlich mit einem Knüppel fuchtelnd, auf der Straße umherläuft?

Eine Kinderwelt ohne Märchenbücher muß schrecklich sein. Und Märchen ohne übertreibende Phantasie, Märchen nach ethischen, sozialen, womöglich politischen Gesichtspunkten gedichtet oder umgedichtet, gereinigt für eine entgötterte Zeit, für eine

Generation, die zu nüchternen Alltagsmenschen ohne Poesie herangezogen werden soll, werden keine Jugend, auch die heutige nicht, entzücken. Aber wir haben in unserer Kindheit nicht bloß diese Volks- und Hausmärchen, diesen unerschöpflichen Quell der Anregung für die kindliche Phantasie, gelesen. Nicht bloß ins Fabelreich, auch in die weite wirkliche Welt hat uns damals die Jugendschrift geführt. Noch heute besitze ich zu immer wiederkehrender Freude meiner Enkel ein Bilderbuch: „Zonen -Bilder“ von H. Leutemann, das in meinem siebenten Lebensjahr erschienen, mir wohl die erste Bekanntschaft mit fremden Ländern und Tieren vermittelte. Wie köstlich in der deutschen Landschaft die alte Linde ihre Äste breitet über die spielenden Rehe und Hasen, oder die Eiche auf hoher Felskuppe die stolzen Hirsche beschirmt, die, mit ihren Geweihen ineinanderverhakt, um die Hindinnen kämpfen, die, ängstlich zusammengedrängt, den Ausgang der Schlacht erwarten, während Reinecke dabeisteht, die gestohlene Ente im Maul! Und die Gemsen auf steilem Felsengrat in den Alpen, Bär und Eber in den Wäldern Litauens, Eisbären auf sibirischer Eiswüste, Tiger in den Dschungeln Tibets, Nashörner in Indien, Affen auf Sumatra, Giraffen und Kamele in afrikanischer Steppe und hundert andere Tiere und Landschaften, sorgfältig gezeichnet, in vielen, noch heut un-verblassten Farben gedruckt! Ob das Buch sonst wo noch existiert? Für mich war es eine unerschöpfliche Quelle der Belehrung und Anregung.

Zur selben Zeit hat wohl auch das „Tierbüchlein“ von Gustav Süß in mir eine Liebe zu den Tieren geweckt, die mir immer geblieben ist. Und auch das Wort aus den schlichten Versen dieses Buches habe ich oft in meinem langen Leben dankbar nachempfunden: „Wie schön hat Gott die Welt gemacht in ihrer jungen Frühlingspracht!"

Aber nicht bloß Tiere und Pflanzen haben damals den Stoff der Kinderbücher abgegeben. Auch das Menschenleben in den verschiedensten Berufen trat mir in dem eminent pädagogischen Büchlein von „Hans-Hänschen", dem unsteten Knaben, entgegen, der es an keiner Stelle aushält, weil die Lasten und Beschwernisse, die ein jeder Beruf mit sich bringt, seine Kräfte schnell erlahmen lassen. Schmied, Müller, Bergmann, Bauer, Bäcker, Metzger, Schneider - und was noch alles versucht er, um schließlich als Eckensteher schimpflich zu enden.

Soviel ich heute noch an diese ersten Lesefreuden denke und so dankbar ich bin für die schönen Stunden, die ich durch diese Bücher genossen habe, so wenig Erinnerung habe ich an Backfischschriften, deren es gewiss auch zu meiner Jungmädchenzeit viele gegeben hat. Dass sie keinen Eindruck bei mir hinterlassen haben, und sicher für meine spätere schriftstellerische Entwicklung keine Bedeutung gewannen, spricht gegen ihren Wert. Ich kann auch heute noch nicht die Meinung vieler teilen, dass die heranwachsende Menschheit, die Werdenden, einer eigenen für sie bestimmten Literatur bedürfen. Wenn ich, als Zwölfjährige, Heines „Buch der Lieder" las und fast 20 Jahre später den Eindruck, den die Berührung meiner jungen, unberührten Menschenseele mit dieser Nur-Poesie gemacht hat, in der „Wacht am Rhein" so unmittelbar und warm schildern konnte, so schlägt das alle heutigen pädagogischen Bedenken über die Auswahl des Lesestoffs für Jugendliche nieder. Ich habe sowohl in meinem

Elternhause alles gelesen, was damals das Interesse der Erwachsenen erregte, Storm und Raabe, Spielhagen und Heyse, Hebbel und Ludwig, Freytag und Auerbach, als auch in meiner Pensionszeit in Trier neben der deutschen Lite-ratur die Größen der englischen, französischen und italie-nischen Dichtung wahllos in mich aufgenommen. So habe ich der Frage des Jugendschutzes gegen den unheilvollen Einfluss der Literatur immer sehr skeptisch gegenüber gestanden. Aber ich bin ja vielleicht Partei. Hat es doch zuzeiten Stimmen gegeben, die selbst meinen Werken die Möglichkeit zuschrieben, verderblich auf die Jugend zu wirken. Mein „Weiberdorf" war vor 30 Jahren ein uner hörtes Wagnis und einen Roman von der ernsten, sittlichen Tendenz meiner „Passion" hat man noch vor wenigen Jahren als bedenklich angesehn. Allerdings gab es auch genug vernünftige Pädagogen, die gerade dieses Werk in der Hand jedes jungen, ins Leben tretenden Menschen sehen wollten.

Und ein Buch, das auch ich in der Hand jedes jungen Menschen sehen möchte, habe ich mir zum Schluss aufgehoben, ein altes Buch meiner Kindheit, aber eins, das ich mein Leben über immer wieder zur Hand genommen habe, das mich auch heute noch, wenn ich müde und unruhig bin, von allerlei geplagt und gehetzt, erfrischt und beruhigt und immer den gleichen Reiz auf mich ausübt: Coopers Lederstrumpf! Kein Karl May, kein Zane Gray, kein Jack London, kein Stevenson oder Conrad kann mir meinen lieben Lederstrumpf ersetzen. Er ist in all den Jahren nicht gealtert und ich nicht mit ihm - er findet mich auch heute noch als rechtes Kind.

Quelle: Eine Monatszeitschrift für Freunde des Buches, 7. Jahrgang – Juni/Juli 1930 - Heft 6/ 7

Zehlendorf, Tag des Poststempels.

Die immer zunehmende Zahl von Zuschriften und Anfragen aller Art macht es mir leider nicht möglich, ohne empfindlichen Zeitverlust alles schriftlich zu beantworten. Ich kann deshalb auf Ihre gefl. Zuschrift vom 27/8 nur in Kürze erwidern:

Einladungen zu Vorlesungen kann ich in absehbarer Zeit nicht mehr annehmen.

~~Gesuche um Autogramme kann ich nicht mehr berücksichtigen.~~

~~Unterstützungsgesuche werden so massenhaft an mich gerichtet, dass ich völlig ausser Stande bin, allen zu entsprechen.~~

[illegible] Coblenz [illegible]

Hochachtungsvoll

[illegible]

Clara Viebig.

Abs: Clara Viebig.

Zehlendorf (Mitte) b. Berlin Wsb.
Königstraße 3

Erinnerungen

Wer ginge nicht gern alte liebe Straßen? Tausend Erinnerungen geistern in ihnen herum, streifen uns im Vorübergehen, nicken uns zu, streicheln uns plötzlich so warm mit lebensvollen, liebenden Händen, dass wir gar nicht merken, dass Sie uns eigentlich nicht mehr angehören und wir nicht ihnen. Sie sind schon ein Gewesensein, eine Vergangenheit, aus der nur unsere Pietät, unser mit ein wenig Sehnsucht gemischtes Gedenken sie wieder erstehen läßt.

Wenn ich jetzt an das „Weiberdorf" denke, das Dorf in jenem kleinen grünen Tal der Eifel, das das Bächlein der Salm durchfließt, muß ich lächeln. Was hat mich dieses Weiberdorf an Angst, ja selbst an Tränen gekostet! Ich lernte es kennen, als ich, ein junges, unternehmungslustiges Blut, von meiner Geburtsstadt Trier, dem deutschen Rom, aus, die damals noch recht unbekannte und als wüst verschriene, jeder Kultur noch bare Eifel durchwanderte. Mir gefiel dieses kleine Dorf am Rand des großen Kunowaldes, der mir damals unermesslich, geheimnisvoll-rauschend erschien. Ob er das heute noch ist? Mir scheint er jetzt ein wenig ausgeholzt, nicht mehr ganz so wipfelhoch und allen Weltenlärm ausschließend; immerhin noch ein mächtiger Forst mit breitausladenden Buchen, unter deren Schatten im Kreis das helle Grün wuchert, das der Volksmund den „Hexenkranz" heißt, mit ragenden Tannen und mächtigen Eichen, an deren von grauen Mooszotteln behangenen Stämmen der Bock das alte Gehörn abstößt. Damals konnte man Stunden hier wandern, ohne eine Menschenseele anzutreffen, bis der Hochwald sich plötzlich senkte und unten im Tälchen

Ruinen auftauchten, ungeheuer malerisch auf saftigem Wiesengrund, dessen Grün mit dem warmen Blutrot der Sandsteinhänge rundherum farbenfreudig kontrastierte. Noch immer ist dieses grüne Tal schön, aber als ich es vor kurzem wiedersah, da waren die poesieumwobenen Barockruinen verschwunden, aufgebaut war wieder das einstige Kloster und seine Kirche vom Orden Zisterzienser.

Als ich zum erstenmal die Ruinen von Kloster Himmerod sah, dachte ich noch an kein Schreiben, meine Augen sahen und meine Seele empfing nur ganz unbefangen. Freilich, als ich dann, einige Jahre später, als Frau des gleichen Weges kam und in dem benachbarten Dörfchen Eisenschmitt das hinkende Pittchen kennenlernte und mit dem verschmitzten Schwätzer am Wirtstisch zusammensaß, kam mir der Gedanke: „Das möchtest du niederschreiben, was der erzählt!" Er saß mir armselig genug gegenüber, stützte den grauen Kopf, schlau blinzelnd, in beide Hände, schwatzte und schwatzte, und mir dämmerte dabei von seinem einstmaligen Heldentum in dem an Männern zuzeiten ganz armen Dorf. Alle waren sie seit dem Krieg von 70/71 abgewandert aus ihrem durch den Ackerbau kaum sich ernährenden Dörfchen zur lohnenderen Arbeit ins rheinische Industriegebiet. Die Weiber schafften das bisschen Ackerbestellung allein. Und überall, wohin ich sah, nur Weiber: auf der Wiese, auf dem Kartoffelacker, auf den kleinen Feldern, die das bleiche Gelb ihres Kornes an das Rot der Sandsteinfelsen hängen. Alte Weiber, vor den Hüten die Säuglinge hütend, jüngere Weiber, die Ackergeräte geschultert, und noch ganz junge, halbwüchsige mit der Reisigwelle auf dem Rücken vom Holzsammeln im

Forst heimkehrend. Weiber, lauter Weiber, Pittchen der einzige Mann, Hahn im Korb.

So erstand mir das Weiberdorf. Ich schrieb es hin mit Lachen, harmlos, ohne Ahnung davon, welchen Sturm es entfesseln würde, als es im Jahre 1900 im Feuilleton der Frankfurter Zeitung erschien. Man hat damals mein Leben bedroht. Die Weiber zogen in hellen Haufen nach dem nicht ferne gelegenen Manderscheid, wo ich damals den Sommer verbrachte, Furien die, wie sie drohten, mich mit ihren Mistgabeln pieken und mir die Haare ausreißen wollten. Ach, es war alles nur halb so schlimm, wie es sich damals ansah, ich hätte mir die Tränen sparen können! Wenn jetzt ein Wanderer durchs Salmtal kommt und neugierig fragt: „Ist hier das Weiberdorf?" dann präsentiert man ihm schmunzelnd eine hübsche Ansichtskarte, auf der unterm Ortsnamen gedruckt steht: „Clara Viebigs Weiberdorf."

Und wenn ich selber jetzt durch mein Weiberdorf komme? Ach, es zieht mich nicht mehr dorthin! Die Misthaufen dampfen nicht mehr vor den Türen, das Kläffen wachsamer Köter und das schläfrige Muhen der Kühe, das zu den blechernen Gebimmel des Kirchenglöckleins und zu dem sanften plätschern des Brunnens und dem noch sanfteren Flöten zutraulicher Waldvögel so schön stimmt, ist nicht mehr. Eisenschmitt ist Sommerfrische geworden; vom neuen Himmerod herüber tönen große Glocken mit sonorem Klang, Poesie sitzt nicht mehr im verfallenen Kreuzgang und spinnt ihre Netze. Und mein Pittchen ist tot. Ich finde nicht einmal sein Grab mehr; ich will das auch gar nicht so suchen, denn ich will ihn viel lieber so lebendig behalten, wie ich ihn damals kennenlernte, so schön faul, so schläfrig und doch so durchtrieben diesen lustigen Strick, diesen Erzschelm - diesen Helden des Weiberdorfs

So mischt sich in mein Lächeln, wenn ich des Weiberdorfs gedenke, eine ganz leise Wehmut; aber das Lächeln erstirbt ganz und mein Gesicht wird ernst, wenn ich mich gen Osten wende. Dort liegt fern, heute noch ferner als damals, da ich es schrieb, die Heimat meines „schlafenden Heeres“. Als ich zum erstenmal in den Osten Deutschlands kam, war ich auch noch jung, und ich will es nur gestehen, von der Liebe und dem Verständnis, die ich darnach gewann, wollte sich anfänglich nichts in mir rühren. Mir, der im Westen, im schönsten Winkel der Rheinprovinz Geborenen, an der sanften Mosel mit den Rebenbergen, über denen eine heitere Sonne von tiefblauem Himmel lächelt, zu Hause, kam diese unabsehbare Weite, ohne Berge, ohne Abwechslung, öde vor. Kornbreiten, Rübenäcker, Kartoffelfelder, und wieder Kartoffelfelder, Rübenäcker, Kornbreiten- Hafer, Gerste, Roggen und Weizen, Weizen - wohin ich sah, immer das gleiche Wogen im Sonnenbrand, vom bleichen Gelb bis zur Farbe alten Goldes. Mein Auge irrte durch die Gleichförmigkeit einer schier endlosen Fläche, fast angstvoll rief ich aus: „ Hier soll ich bleiben?“ Die schier schmerzhaft brennende Sonne ließ mich scheu nach Schatten suchen, ich wäre am liebsten gleich wieder entflohen.

Ach, ich konnte es ja noch nicht sehen, wie schön dieses Land ist, wenn am Morgen aus betauten Ackerrainen die Lerche schmetternd emporwirbelt, wenn von der Glocke des Himmels herab die Sonne jede Ährenspitze küsst, dass sie zittert vor Glück, und die silbernen Tränen der Nacht, die noch an ihr hängen, sie vergolden. Wie fruchtbar, wie reich ist diese Erde, auf die der fleißige Landmann volles Korn in schweren Schwaden niederlegt. Die Sense blitzt, der Mäher schwitzt, hochbeladene Erntewagen ziehen, trotz des Viergespanns, langsam heim in Dörfer, die fast versinken in Kornwellen, hinein in große Scheunen der Gutshöfe die mit ihren Parks, grünen Inseln gleich, im gelben Meer schwimmen. Auf solchem Gutshof, mitten im fruchtbarsten Kujavien hinter Gnesen, war ich lange Jahre zu Hause. Viele Sommer. - sah den Schäfer, der mein Deutsch wohl verstand, selber aber lieber doch noch polnisch sprach, seine Schafe auf die Stoppeln treiben, ich sah die Arbeiter, Männer und Weiber, auf glühendem Feld, sie begrüßten mich mit „padam do nog“ und führten meinen Kleidersaum an die Lippen. Ihre Eltern und Großeltern waren einst polnisch gewesen, sie selber aber waren deutsch - ganz deutsch?! Ob ich das damals schon bezweifelt habe, das weiß ich nicht.

Nun ist dieses Land der goldenen Weizenbreiten wieder polnisches Land geworden. Das schlafenden Heer ist erwacht. Wir haben unsere Kornkammer verloren. Ach, ich mag das Land meiner Väter nicht mehr wiedersehen! Nicht mehr die Sonne sehen, die hinter Kornbreiten zur Rüste geht, die die anscheinende Monotonie der Landschaft mit purpurnem Licht zu einer wahrhaft königlichen Herrlichkeit verklärt. Ob es jetzt noch dieselbe Sonne ist? Das wohl; aber ob die Felder noch dieselben sind, noch ebenso fleißig bestellt, noch ebenso wohlgeordnet versorgt sind? Das ist unsere Sorge leider nicht mehr. Unsere Sorge muß jetzt bei der Grenzmark sein. Gefährdetes Land. Polnischer Acker und deutscher Acker stoßen hier dicht zusammen, ein höl-zerner Pfahl nur trennt sie.

Um vieles ärmer ist die Grenzmark, als jenseits das Land, der Landmann muß in ihr noch härter ringen um das tägliche Brot. Sandige Heide drängt sich zwischen angebaute Äcker, viel Kiefernwald erstreckt sich und setzt dem Pflug ein Ziel. Aber eine alte Liebe verbindet mich dieser bescheidenen Grenzmark, dieser Heimat einer Mine aus dem „Täglichen Brot". Ihr ist das Land meiner Väter; das Herrenhaus, in dem mein Vater geboren wurde, liegt noch heut bei dem Dörfchen, am Rand des dunkelnden Kiefernwaldes, durch den die Landstraße von Meseritz nach Schwerin an der Warthe sich zieht. Viele hundert Male bin ich hier gegangen, und viele hundert Male geht mein Geist wieder dort in Liebe und Sorge. Heimat meiner Vorfahren, arme Geburtsstätte meines Vaters, arme Grenzmark, ich denke euer mit Schmerz

Quelle: Clara Viebig widmet diese kleine Skizze der Erinnerung anlässlich ihres 70. Geburtstages dem „Bazar".

Aus der französischen Zeitschrift „La Revue“ 1929

Ich weiß selber kaum ...

„Ich weiß selber kaum, was mich dazu trieb, gerade dieses oder jenes Buch zu schreiben, in diese oder jene Welt hineinzuleuchten, das Geschick anderer zu den meinen zu machen. Und ebenso wenig weiß ich, ob ich einen ethischen Erfolg mit meinem Schreiben erstrebt, ob ich schrieb, um von Frauen oder von Männern verstanden zu werden. Ich schrieb, weil ich so schreiben musste. Sparsam mit Worten im Umgang mit lebenden Menschen, bin ich beredt in der Unterhaltung mit jenen, die meine Feder mir heranwinkt aus der gestalteten Menge. Und es sind ihrer viele, sind ein ganzes Volk, an das sich zu wenden ich als die höchste, die beglückendste Aufgabe des Schriftstellers sehe.

Deutsches Volk, deutsche Scholle, deutsche Seele - es gibt soviel darüber zu sagen; sie sind ein unerschöpflicher Born! Ich habe meine dichterische Welt am liebsten da gesucht und auch gefunden, wo der Mensch sich noch unverfälscht gibt, wo seiner Ursprünglichkeit im Hassen und Lieben noch nicht der Schnürleib der Konvention einengend angelegt ist. Ich gehe gern über tiefgefurchtes Ackerfeld, wenn das Gehen hier auch mühselig ist, und mein Schuh beschmutzt wird von der Feuchte der aufgebrochenen Scholle. Denn nie höre ich die Lerche schöner singen als hier, und sehe Nähe und Ferne und den Menschen dazu sich nie vollkommener entfalten als in der Freiheit der Natur. Und ich glaube, man hat mich immer ganz verstanden. Männer und Frauen, wenn ich und mein Werk - wirklich aufrichtig waren!“

Quelle: Deutscher Rundfunk

Dieses Bildnis ist eine Teilansicht des Eisenschmittener Brunnens, den der Bildhauer Johann Baptist Lenz schuf. Dieser Brunnen symbolisiert „Das Weiberdorf".

West und Ost

Ich soll etwas von mir selber erzählen, gleichsam in den Spiegel schauen, und, wie ich mich darin sehe, ehrlich beichten - es fällt mir schwer. Denn so ein einfaches Frauenleben, das am liebsten zwischen den Wänden des eigenen engumgrenzten Heimes dahinfließt, was kann das wohl an reichen Bildern zeigen?! Es wirft nicht Glanz noch Schimmer ins Spiegelglas; es gleicht der Flut in einer friedvollen Bucht, an der der müde Mann gern sitzt und ruht und lachende Kinder spielen.

Und das, was meine Augen nachdenklich gemacht hat und meinen Mund, trotzdem er gern herzlich lacht, ernst, das, was ich innerlich erlebt, das steht ja alles in meinen Büchern; denn welcher Autor spänne nicht eigenen Faden auf seinem Webstuhl und knüpfte diesen an fremde Fäden an und schlänge ineinander und durcheinander, bis dass er selbst nicht mehr weiß, wo Eigenes aufhört und Fremdes anfängt.

Also von mir möchte ich nicht reden, wohl aber von dem, was meinem Herzen teuer ist: von meiner Heimat. Vielmehr: von meinen Heimaten. Mir geht's, wie es Onkel Bräsig ging - ich habe „drei Brauten". Und wie ein Mann um die Liebste wirbt, so werbe ich um die drei; aber welche von ihnen meine Madame Nüßlern ist, die Heißgeliebteste und Ewiggeliebte, das sage ich vorerst nicht.

Ich sehe in den Spiegel - - - da fließt klar und leis die liebe Mosel! Wie ein blaues Band schlingt sie sich grünen Bergen eng um die Füße, im schwärzlichen Schiefergestein wachsen Reben, Stock bei Stock, dicht gesetzt, wie im Plattland die Kartoffeln. Weiße

Städtchen hüben und drüben, in denen der Frühling früher und goldener einzieht als anderswo, in denen großdoldiger lila Flieder in Bündeln über bunte Gnadenbilder hängt und tiefbrauner Goldlack und rote Federnelken. Alles Farbe, alles Duft.

Unter hinter den lachenden Rebenhügeln tauchen die runden Eifelkuppen auf, steil führen die Pfade hinan. Die Ebereschen, die den Chausseerand säumen, lassen weiße Mooszipfel im rauhen Regenwind flattern, ernste Maare ruhen schweigend im vulkanischen Bett, endlose Wälder schlagen die dunklen Wogen um einsame Dörfer, verlorene Heiden träumen im blendenden Sonnenglanz. Jungfräuliches Land noch, das im Dornröschenschlaf des erlösenden Kusses harrt - weltenfern, weltenweit das rührige Leben. Nur Kirchenglocken dröhnen durch die Stille, und der herbe Eifelwind trägt diesen einzigen Klang hierhin und dorthin; überallhin.

Die Glocke mit der mächtigsten Stimme hängt zu Trier; da ruft sie vom Dom, eine beredte Zeugin der uralteingesessenen, siegreichen Kirche. Und doch ist's nur ein Katzensprung von da zur Porta nigra; Christentum und Heidentum treten sich in Trier fast auf die Füße.

Ich habe mir just den schönsten Winkel der ganzen schönen Rheinlande zum Geborenwerden ausgesucht. In Trier, unweit der „Poort“, wie das Römertor im Volksmund heißt, stand meine Wiege; sie schaukelte im Takt mit den frommen Kirchenglocken, ich schlummerte süß bei deren Schall, und doch war ich ein Ketzerkind.

Meine Amme, die schwarze Anna, war eine echte Tochter der Eifel. Als sie in meiner Mutter Wochenstube, hinauf in den ersten Stock, geführt wurde, traute sie sich dort nicht von der Türe fort; es war nicht ländliche Schüchternheit, wie man anzunehmen geneigt war. Die schwarze Anna hatte noch niemals ein Haus mit mehreren Etagen betreten; nun, da die Dielen unter ihren Nägelschuhen knarrten, fürchtete sie, durchzubrechen, und zitterte für ihr Leben. Auch von der Reinlichkeit hatte sie merkwürdige Begriffe; es dauerte eine ganze Weile bis man ihr abgewöhnt hatte, auf einen Zipfel der Windel zu spucken und hiermit ihrem Pflegling das Gesichtchen zu waschen.

Mit der trefflichen Milch dieser schwarzen Anna habe ich schon die Liebe zu meiner ersten Braut eingesogen. Tief, tief bis ins Innerste erfüllt die mich, zäh ist sie mir im Herzen eingewurzelt, wie eine starke Tanne im Eifelforst, fest ist sie, wie der festeste Stein der heimatlichen Felsen. Und wenn ich so ganz still für mich sitze, dann glaube ich oft die Glocken des uralten, heiligen Römertrier zu hören, wie sie voll und sonor über die uralte und doch jugendschöne Mosel schwingen und in den Eifelbergen verhallen. Ich höre sie, wo ich auch bin; ihr Klang kommt mir nicht aus den Ohren. Immer wieder rufen sie mich, Jahr um Jahr; ich glaube, sie läuten mir auch bis zum Ende.

Da ich anfing, die Schule zu besuchen, wurde mein Vater als Oberregierungsrat nach Düsseldorf versetzt. Das war eine Veränderung! Von der sanftgleitenden Mosel zum breitflutenden Rhein, aus der Stille des kleinen Trier, wo das Gras zwischen den Pflastersteinen wächst, in das heitere Leben der eleganten Gartenstadt!

Und doch war es noch nicht das schnellwachsende, großstädtische Düsseldorf der letzten anderthalb Jahrzehnte; man kannte noch jeden, der in der Straße wohnte. Man lief Stelzen und sprang Seilchen vor der

Haustür, man kletterte über Gartenmauern und prüfte des Nachbars Birnen; man machte im Abenddunkel „Schellemännkes“ und lauschte klopfenden Herzens, glühend vor Aufregung hinter dem nächsten Hausvorsprung auf das Schelten der Magd, die, wütend über das Reißen an der Klingel, öffnete, und, fand sich niemand draußen, noch wütender zukrachte.

Noch flutete der Rinnstein neben dem Trottoir, der hochgeschossene Backfisch hat verschiedentlich nähere Bekanntschaft mit ihm gemacht, wenn er, entrückten Blickes in die Luft starrend, sich ein märchenhaftes Glück der Zukunft zurechtphantasierte.

Und all die Feste! St. Martins-Abend - „Lustig, lustig, trallerala, heut ist Martins-Abend da!“ - die ganze Stadt roch nach Puffertkuchen und wimmelte von ausgehöhlten Kürbissen und bunten Laternen. Keine Eltern so arm, dass sie ihrem Kind nicht ein buntes Papierballönchen gekauft hätten, in dem das Kerzchen flackerte. Und die Weckmänner auf St. Nikola, Konrinthenaugen hatten sie und eine Tonpfeife im breiten Maul! Die Bratäpfel und Kastanien, die in der Herdröhre zischten und knackten, wenn der erste Schnee fiel! Das Suchen nach Sauerampfer und Veilchen auf den Hammer Wiesen! Das Rheinbaden in der primitiven Bretterbude an heißen Sommertagen! Und nicht zu vergessen: das Grundwasser, wenn der Rhein hoch ging!

Was den Eltern höchsten Ärger schaffte, war uns Kindern höchste Wonne. Eine dunkle Flut schwamm im Keller, wir mitten auf dem Weltmeer in einer Bütte, Holzscheite die Ruder; Robinson war nichts gegen uns.

Und wenn gar der Rhein unterm Zolltor durchlief, die Straßen der Altstadt überflutete, dem alten Jan Willem auf dem Markt die Füße wusch, die Bewohner der anliegenden Häuser in die oberen Etagen jagte, wenn kreuzende Kähne die Flüchtlinge durch Eimer an der Stange mit Speise und Trank versorgten, dann kannte unser Jubel keine Grenzen.

Und noch lacht mir das Herz, wenn ich der Freuden gedenke, die, zwölf Jahre hindurch, die zweite Braut mir bot. Es ist mein Wunsch, dies heitere Bild Düsseldorfer Lebens in einem nächsten Roman festzuhalten.

Mein lieber Vater starb; ich war eben erwachsen, das Bisherige trat zurück. Meine Eltern stammen beide aus der Provinz Posen, daher, wo sich, wie man in dem von der Natur so bevorzugten Rheinland denkt, Hasen und Füchse Gutenacht sagen. Da kam ich nun hin.

Eisenbahn gab es nicht bis zum Gut der Verwandten, der Wagen wartete auf der kleinen Station; endlos ging‘s durch Sand und Korn und Rübenfelder, und weiter durch Rübenfelder, Korn und Sand. Rebhühner schwirrten auf, wenige Dörfer zeigten sich, die Räder holperten in ausgefahrenen Landweggeleisen, und der Himmel stülpte sich über das flache Land, wie eine Glasglocke über den Teller.

Hier soll ich bleiben?! Fast war‘s ein Angstruf.

Und doch, wie schön ist auch dieses flache Land! Inseln gleich liegen die Gutshöfe im Meer der Felder, abge-schlossene Reiche für sich, jeder Gutsherr ein König.

Weit schweift der Blick über die nährende Erde: hier wächst unser Brot. Goldene Ähren wiegt der Sommerwind, der Kiefernwald blaut in der Ferne; am Horizont der Ebene sieht man die Sonne aufsteigen und versinken, rosige Wolken schwimmen im verklärten Glanz

Meine dritte Braut ist keine Schönheit auf den ersten Blick, man muß sie kennen lernen. Und das habe ich getan. Polnisch und Deutsch hat sie zu mir gesprochen. Die, freilich nur inoffiziell geschwungene Peitsche mit den verknoteten Lederriemchen, die so empfindlich die ge-bückten Rücken der Polaki trifft, habe ich ebensogut kennen gelernt, wie das gütig-patriarchalische Regiment, das noch auf dem, weit über hundert Jahre der Familie gehörenden, deutschen Stammgut geführt wird.

Die Konfiniery in Schlapphut und rotem Hemd traf ich im Feld und auch die deutschen Schnitter; fröhliche und verdrossene, aufrührerische und zufriedene, stupide und intelligente Arbeiter sind an mir vorübergezogen. Die Zeit ist mir nie lang geworden. Man bangt vor dem Gewitter und ersehnt tränkenden Regen für das verdorrte Land, man grämt sich wegen der Disteln im Acker und jauchzt jedem glücklich eingebrachten Fuder zu. Die Erntekrone wird dem Herrn vors Haus gebracht, „Nun danket alle Gott!“ erklingt es von unmelodischer Stimmen; gleich darauf quiekt die Fidel und parpt die Harmonika, der Knecht schwingt die Magd auf der Tenne im Erntetanz, derweil die Alten trinken.

Ich aber schlich mich von dannen, hinter die Scheuer und weiter über die Äcker bis in den blauen Kiefernwald. Da blieb ich stehen im Heidekraut. Harziger Duft umschwebte mich wie eine Wolke, und in der Wolke kam ein Gruß jener anderen Kiefern, jener rotstämmigen knorrigen Gesellen, die auf Eifelheiden wachsen. Natur ist im-mer verwandt, und Bauer ist Bauer, und Mensch ist Mensch. -

In West und Ost und am Niederrhein wohnen so meine drei Brauten. Einer jeden von ihnen gehört mein Herz, einer jeden danke ich viel Glück, allen zusammen aber mein Höchstes - meine Kunst.

Drei Brauten - und wenn ich's recht bedenke, bin ich Bräsigen doch noch über, ich habe eigentlich vier. Die vierte Braut ist Berlin. Aber nein, was sage ich denn?! Keine Braut! Mit Berlin bin ich – verheiratet.

*

Neun Jahre – es war im Herbst 1900 – sind vergangen, seit ich dieses schrieb; lange Jahre und mir doch viel zu kurz. Sie sind mir dahingelaufen wie Tage.

Der Wunsch, meiner zweiten Liebe, der schönen Stadt am Rhein, und der in ihr verlebten Jugendzeit mit einem Buche zu bedanken, ist erfüllt. In der „Wacht am Rhein" habe ich versucht, all die Bilder des alten Düsseldorf, wie meine Phantasie sie mir malte, des Düsseldorf in seiner bewegtesten und in seiner größten Zeit, wiederzumalen und das rheinische Mädchen frisch, heiter und frei – und in der blonden Josefine zu verkörpern; an ihr zu zeigen, wie gut dem leichten rheinischen Blut die Mischung mit dem schweren, strengeren Preußenblute getan hat.

Auch meiner dritten Braut, der östlichen Grenzprovinz. Die endlosen Kornbreiten und die grünenden Rübenäcker, die stillen Seen und die blauenden Kiefernstriche sind mir innig vertraut geblieben. „Das schlafende Heer" ist mein Zeuge. Als wäre ich's selber, so habe ich mit meinen deutschen Herrn um Liebe und Treue gerungen.

Bin ich aber müde geworden - freuden- und leidensatt - dann habe ich mich meiner ersten Braut in die Arme geworfen, und sie hat mich wiederum an ihr Herz genommen, wie sie einst schon das Kind zur Ruhe gewiegt hat, mit Klingklang und Nachhall in den Bergen. Eifelwind hat mir wiederum den Staub aus den Augen geblasen und alles Schwere von der Seele. Dort bin ich jung, dort werde ich immer neugeboren. Und wenn die „Naturgewalten" des Eifelplateaus auch herb sind, oft furchtbar sich zeigen, mich schrecken sie nicht. Und wie der „Müllerhannes", der blindgewordene, in der Nacht seiner Augen immer noch seinen Mosenberg sieht, so sehe auch ich, sei ich weltenfern, immer noch die Wälder und Täler, die Leyen und das Venn und all die geliebten Wege des Eifellandes. Drei Brauten bin ich so treu geblieben – ist's nicht genug, dreien auf einmal?! Nur der vierten bin ich untreu geworden; von Berlin, meiner Angetrauten, bin ich – geschieden. Aber nur auf zwanzig Minuten Entfernung; ich bin nach Zehlendorf gezogen.

Und hier rauschen im eigenen Garten, wie einst über dem rheinischen Kind, Linde und Birke, Kastanie und Tanne jetzt über meinem märkischen Jungen.

* * *

Zehlendorf, im Juni 1920.

Nun sind wiederum Jahre vergangen - elf - nein, nicht elf, es scheinen ihrer weit mehr! Zählen nicht die Kriegsjahre dop-pelt? Sie zählen doppelt, und sie wiegen doppelt, schwer von Leid. Der Frohmut, mit dem ich zum erstenmal von meinen Brauten erzählte, ist dahin; auch die ruhige Heiterkeit, mit der ich den Spielen meines märkischen Jungen zuschaute.

Die Bäume des Zehlendorfer Gartens sind älter geworden, ihre Kronen dichter, sie stehen wie dunkle Wächter ums Haus, und mein spielender Knabe schwingt jetzt schon mit künstlerischem Ernst den Taktstock. Seine Jugend, die kaum erblüht war, hat den Krieg überstanden, er blieb mir verschont im eisigen Rußland, im blutigen Frankreich, aber Tausende von anderen Jugenden sah ich hinsinken, und das macht so ernst. In meinen beiden letzten Romanen, in den „Töchtern der Hekuba" und im „Roten Meer" finde ich kein befreiendes Lachen mehr.

Schmerz, wütender Schmerz erregt mich, sehe ich in der Stadt meiner Kindheit, in den Gefilden meiner glücklichsten Träume, Senegalneger die Zähne fletschen, feindliche Völker in meiner geliebtesten Heimat hausen. Und dort, wo Polens Sage vom schlafenden Heer im Berg erzählte, da ist es jetzt wirklich erwacht und schlägt ans Schild. Deutsche Städte werden polnische Städte, deutsche Kultur wird vernichtet, deutsche Arbeit verjagt.

Das Land meiner Väter und die Heimat meines Herzens geschändet! Mir bleibt nur noch die Scholle, auf der ich wohne. „Eine Handvoll Erde" - die möchte ich mir bewahren bis zum letzten Hauch.

Clara Viebig

Quelle: West und Ost, Novellen von Clara Viebig, Philipp Reclam jun., Leipzig, 1920

Radierung
Kurfürstliches Schlößchen
Bad Bertrich

Mein Eifelland

Es ist ein wunderliches Gefühl, so auf den Wegen einer Vergangenheit zu wandern; ich habe das nie stärker empfunden, als hier in der Eifel. Es war im Frühherbst, da stand ich zwischen verstreuten Lavabrocken und sammelte Brombeeren. Ich blickte rechts, ich blickte links, vom Eifer des Pflückens besessen, der dem Jagdeifer gleichkommt, mit dem der Jäger das Wild verfolgt. Wie sie lockten, wie sie glänzten, die würzigen Beeren, nirgendwo süßer, nirgendwo würziger als gerade hier! Abschüssiger Hang; fest bohrt sich mein Schuh in die schwarze Asche, unter meinem benagelten Tritt knistert und knirscht uralte Lava. Vom Himmel herab glost noch die Sonne, prallt mir auf den Scheitel, prallt dem Kraterkamm über mir auf den Kopf, prallt auf die Asche, dass ich sie heiß unter den Sohlen spüre, glühend heiß. Als brennte da heimlich unterirdisches Feuer wie vor Jahrtausenden und drängte zu Tag. Ich war trunken. „Tausend Jahre sind vor mir wie ein Tag," das hatte ich immerfort in den Ohren. War es die Sonne, die also sprach, oder der schwarze Kraterkopf, oder die Luft, die mich umfloß wie ein heißes Bad, heilend und erregend zugleich? Einen Blick hinab ins tiefe, grüne Tal, wo Häuser stehen, wo Menschen wohnen, tat ich nicht - mir schwindelte - das war alles mir weit entrückt, grenzenlos fern. Und ohne Grenzen ging ich durchs Phantasieland, durch Kinderland - uralte Mären von Pech und Schwefel, von Sodom und Gomorrha und Sintflut standen auf und sahen mich an. Der Kraterkopf über mir fing an zu spucken, das grüne Tal unter mir nur Flammen und Rauch, vernichtender

Lavastrom allüberall. Und ich mitten drin, ein winziges Etwas, hilflos und doch nicht beängstet. Stand denn mein Fuß nicht auf Jahrtausenden? War dieses Land nicht ewiges Land? Aus Schutt und Asche war es einst erstanden, und abermals wird es sich neu begrünen nach Untergang, blühen und Früchte bringen zu seiner Zeit.

Als ich zu Tal kam, läutete die Glocke des Kirchleins ängstlich, sie rief zum Gebet - es steht zurzeit nicht gut um das Vaterland – „Ave Maria, gegrüßet seist du Gebenedeite! Bitt' für uns!"

Nirgendwo sind Heidentum und Christentum sich so auf den Fersen. Burgen und Kirchen der Eifel aus Lavagestein, graue Vorzeit und leuchtend weiße Kapellchen auf Kraterkuppen; vor verfallenen Raubnestern die rotangemalten Wunden Christie am Kreuz. Eine Brücke schwingt sich, über die jeder gehen muß, der ganz verstehen will, was „Eifel" heißt. -

Meine Augen werden hell, wenn ich von der Eifel spreche; sie ist und bleibt die Heimat meiner Sehnsucht und die Liebe meines Herzens. –

Quelle: Eifelkalender 1929

Clara Viebig um 1930

Ober– und Niederburg bei Manderscheid

Eifelbilder

Es ist nun 33 Jahre her, dass ich zum erstenmal die Eifel durchwanderte, ganz selbständig, den Rucksack auf dem Rücken, einen derben Knotenstock in der Hand. Im Anfang der neunziger Jahre gab es noch kaum Wandervögel, das Durchstreifen von Wald und Flur, Bergen und Tälern, war noch nicht die große Mode; die begeisterten Naturschwärmer zogen aus als vereinzelte Touristen. Und das Hochland der Eifel war der großen Menge noch unbekanntes Land. Eifel - ?! O weh, wüste und leer, arm und hungrig!

Als ich dem Oberhaupt von Bonn am Rhein damals meine Absicht kundtat, in die Eifel zu wandern, sagte dieser Vater der Stadt mitleidig-warnend: „Aber in der Eifel gibt's ja noch Wölfe!" Das konnte mich, das Trierer Kind, am Fuße der Eifel geboren, nicht schrecken. Meine Amme, die schwarze Anna aus dem Eifeldorf, erzählte zwar vom Wolf, der das Schaf aus dem Stall raubt, aber ich wußte, das war schon lange her; jetzt streiften die Wölfe nicht mehr hierüber aus dem Ardennenwald und suchten beim Eifelbauern Fraß für ihren Hunger.

Zwischen Rhein und Mosel, emporgereckt von den Armen beider Ströme, eine versteinerte vulkanische Woge, so hebt die Eifel ihr Hochland unter der Glocke des Himmels. Wenn ich es recht bedenke: wo ist es eigentlich am schönsten in der Eifel? In jenem Teil, der gleich an der Mosel beginnt, hinter der Barriere der grünen Weinberge seine tiefblauenden Einsamkeiten auftut, oder in der Hohen Eifel, wo man von Adenau über sonnige Heidestrecken, die selten ein Dorf belebt, zur Hohen Acht hinaufsteigt? Von ihr, als von der höchsten

Erhebung, blickt man weithin über das ganze Gebiet der Eifel, mit den Kraterköpfen und Maaren, und hinab ins Rheintal und hinüber zum Siebengebirge.

Wenn ich sage, die Hohe Acht ist 760m hoch, so wird der Leser, der an andere Höhen gewöhnt ist und an Alpenhöhen mißt, enttäuscht ausrufen: „Nicht höher?!“ Und doch hat man hier das Gefühl, auf einer großen Höhe zu stehn. Durch ragendere Bergketten nicht abgehalten, streicht die Luft ungehindert um uns, herbkühl und gläsernrein. Kommt sie so stark, so unverbraucht vom Rheinstrom herauf, der sich da unten sein breites Bett gefüllt hat, oder bringt sie den feuchten Duft vom Meere mit, das seine Westbriesen über den Rücken des Venn hinüberschickt?

Vulkanische Eifel, Hohe Eifel, Venn-Eifel. Selbst ein Meer, so wogt das Heidemeer des Hohen Venns. Wenn in der Vulkanischen Eifel die Lieblichkeit nicht fehlt, sanfte Wiesen, luftige Mühlen im Grund, rosenumrankte Burggemäuer, blumige Täler, von silbernen Quellen durchsprudelt, freundliche Dörfer von sauber bestellten Kornäckern umgeben, so hüllt sich in geheimnisvoll-dämmernden Schleier schwermütig der Rücken des Hohen Venns. Eine wahrhaft heroische Landschaft; sehr ernst, Schweigen gebietend. Wie eine tragische Melodie zieht es die Straße hinan, an der hier und da verwitterte Kreuze ragen aus Moorgrund, denen zum Gedächtnis gesetzt, die einst hier abkamen im Nebel oder Schnee, im zähen Sumpf versanken, oder erschöpft liegenblieben und erfroren. Noch ist es keine hundert Jahre her, dass man oben in der kleinen Kapelle bei der Baraque Michel, dem höchsten Punkt des Hohen Venns, bei

Eintritt der Dunkelheit eine Glocke läutete und ein Feuer entzündete, um einsamen Wanderern den Weg zum Schutzhaus zu weisen. Heut ist die Straße für die Autos, die von Belgien herüberkommen und in rasender Fahrt hinunter nach Monschau rollen, der schönen Kreisstadt an der Roer, dem sehr beliebten Ausflugsort der Belgier, breit und gefahrlos angelegt. Aber ein Schimmer von Romantik ist doch noch geblieben. Leise, sprich leise! Man hält den Atem an.

Wer Einsamkeit liebt, hier kann er sie finden. In geheimnisvolldämmerndem Glanz lockt sie. Man kann wandern, endlos wandern, und trifft kein Dorf, keine Försterei, kein Wirtshaus. Kleine blaue Schmetterlinge fliegen wie fortgewehte Blüten über Heidebüschel. Man geht in die Sonne ungehindert hinein, die hier ein ungeheurer Ball, viel größer noch erscheint als anderswo. Sie ist so groß, so groß, sie geht so gewaltig zur Rüste, als versänke eine strahlende Welt, rot umlodert von Brandfackeln. Alles ringsum ist mit entzündet, der Himmel, die Erde; jede Wolke ein goldenes Kissen, der Westen ein Pupurvorhang, der langsam sich senkt. Rot färbt sich das grüne Gras, das abendlich früh beperlte Kraut; die breiten Wipfel ferner Buchen brennen wie Lagerfeuer, die ragenden Schwärzen riesiger Tannen umsäumen sich flammend. Abseits der Tümpel schwarz stehender Moore, köstliche Spiegel; das arme Venndorf selbst wird reich an Purpur und Gold, die grauen, nüchternen Mauern seiner Kirche werden warm und farbenfroh. Und auch dein Gesicht ist verschönt, rosig angestrahlt, du bist mitverklärt in der Glorie des erhabenen Untergangs.

Viele Sommer habe ich verlebt im Hohen Venn. Hinter einer der großen Hecken, die, aus seltsam verknoteten und verästelten Hainbuchen gezogen, giebelhoch sind, fein-beschoren auf den Strich, und das dahinter liegende Haus mit dem tiefen Dach und der bunten Haustür als feste Wand gegen die Stürme des Vennwinters und seiner Schneewehen schützen, habe ich sommerlang gewohnt. Glückliche Tage, in denen wir, von starker Sonne braungebrannt, von leichter Brise getrieben, durchs rote Meer der Heide dahinsegelten, ihren Duft einschlürften, der herb ist wie ein Trank firnen Weines, und doch süß. Wie auf den Inseln der Nordsee blüht hier die Erika in großen weißen und roten Glöckchen, tiefblauer Enzian, dazwischen weißbeflockte Gräser, und zwischen myrtengrünem Preiselbeerkraut die Rauschbeere mit ihrem behauchten Schwarz. Wer von ihr ißt, stirbt nicht an Gift, aber sie berauscht; die Kinder, die im Venn Beeren suchen, finden den Weg nicht mehr nach Haus.

Das Dickicht von Wäldern nahm uns auf, die an Urwälder erinnern mit ihren Tannen, an deren lange wehende Moosbärte hängen, mit ihren Buchen in mächtiger Breite, unter deren Rund das helle Blattgrün der Rauschbeere sich wie ein Kranz abhebt auf dunklerem Grund.

Unten vom Bach herauf kommt das Grunzen des Schwarzwilds; von der Jagdkanzel herab, die, wie ein grünumflochtenes Nest, an hohem Stamm hängt, sieht man das Wild in Rudeln, den Bock und seine Schönen, die auf der Waldlichtung äsen. Und tief im Busch rührt sich plötzlich etwas, es raschelt, es trappelt, der Grund dröhnt, es springt etwas heraus, ein mächtiges Geschöpf. Das königliche Haupt aufgeworfen starrt uns für einen Augenblick der Hirsch an und entfernt sich dann majestätisch mit schaukelndem Gang. Ein Sechzehnender.

Das ist nun freilich jetzt anders geworden, der Krieg hat das Wild gemordet, und ein gut Teil des Venns hat er der Eifel auch entrissen. Die Weiber, die zur Mutter Gottes, die im sternenbesäten Mantel im Felsen der Richelsley steht, beten gehen, beten zwar deutsch, aber sie knieen auf belgischem Boden.

Suchen wir weniger ernste Bilder! Aber doch sind es alles Bilder voller Romantik, einer Romantik, die der ganzen Eifel zu eigen ist. Es gibt prächtigere Landschaften und auch gewiß absolut schönere, aber keine, die reicher an Stimmung wären. Ich glaube, die Ansichten über das, was schön ist, haben sich überhaupt geändert, und daher mag es kommen, daß die Eigenart der Eifel jetzt viel mehr Liebhaber und Bewunderer findet.

Vom Rhein abbiegend bei Andernach, wandern wir zum Laacher See. Der ist das größte Maar der Eifel, aber seine riesige, dreihunderteinunddreißig Hektar umfassende Wasserfläche trägt mehr den Charakter eines Sees den eines Kraterschlundes. Er ist dazu auch zu lieblich; Teichrosen blühen, Tausende von silbernen Fischen schnalzen, sanfte Höhen umkränzen ihn, und an seinem südwestlichen Ufer erhebt sich mit der herrlichen, romantischen Kirche die große Benediktiner Abtei.

„Maria-Laach" war schon im Mittelalter eine berühmte Stätte der Wissenschaft. Ich bedaure es, dass das beigegebene Bildchen nicht den rechten Eindruck des Laacher Sees gibt. Es ist eben sehr schwer, die seltsamen Eifellandschaften, bei denen es weniger auf die Formen, als auf Farben und Stimmung ankommt, in kleinen Zeichnungen einzufangen.

So kann auch das Bild der Genovevaburg im nahen Mayen nichts vom Zauber der Geschichte zeigen, die sich hier einst zugetragen hat und deren Gestalten in Märchen webenden Mondscheinnächten den Genovevaturm und die noch immer bewohnbaren starken

Mauern der alten Ritterburg umgeistern. Unterm Turm, darin der böse Gollo die fromme Pfalzgräfin gefangen hielt, wurde der Unhold dann zwar von vier Ochsen zerrissen, aber er spukt noch immer auf der Wiese im nahen Wald. Und die fromme Genoveva sitzt noch oft hinterm Hochaltar der Fraukirche, wo sie begraben liegt, und spinnt. Aber nur Sonntagskinder hören ihr Rädchen schnurren, andere vernehmen nur Plätschern des nahen Baches.

Auch Schloß Bürresheim, auf einem von der Nette umflossenen Felsen schön gelegen, wird seine Geschichte haben. Sagenumwittert ist ja jede Straße, jeder Bergkopf, jedes Gemäuer, stehe es aufrecht oder sei es schon verfallen, jeder Tümpel, jeder Wald, jedes Tal, jedes Gewässer in der Eifel. Bäume und Äcker, Höhen und Felsen, Maare und Quellen, Kreuzwege und Heiligenhäuschen haben ihre Mirakel. Spuk geht um, Riesen und Wichte; Hausgeister wohnen im Keller, die Maarfrau sitzt im Maar zu Ulmen; das Sutermichelchen im Suterwald bei Bertrich zieht faulen Holzfällern, wenn sie rasten wollen, den Klotz, in den es sich verwandelt hat, tückisch weg und rollt mit lautem Lachen davon. Das Kloppenmännchen klettert im Kyllburger Forst auf die Bäume, der Grenzsteinverrücker wandelt noch immer, mit schwerem Stein beladen, über die Äcker, und der grüne Hexenfranz unter den Buchen zeigt noch immer an, wo die Hexen tanzen.

Oberhalb des Kreisstädchens Daun liegt der Mäuseberg; von seinen drei Maaren ist das Weinfelder Maar das berühmteste der Eifel. Im Volksmund heißt es das „Totenmaar". Dort steht eine uralte Kirche; das Dorf Weinfelden, zu dem sie gehörte, ist versunken, da, wo das dunkle Auge des Maares träumt. An seinen Ufern kein ragender Baum, nur niedriger Ginster, dessen Goldgelb im Frühling das Schwarz des Maares noch schwärzer macht. Das Dorf Weinfelden soll gottlos gewesen sein, darum ist es versunken. Aber ich glaube nicht, was die Urahne spricht; der Eifler ist fromm und steht fest in seinem katholischen Glauben. Und dass Pontius Pilatus, von Gewissensbissen durch die Welt gejagt, sich hier ertränkte, ist auch uralte Sage, aber es zeigt, wie seltsam unheimlich, wie rätselhaft das schwarze Maar oben auf nackter Höhe erscheint. Um das kleine, schiefergedeckte Kirchlein, das seit Hunderten von Jahren sich aufrecht erhält, trotz böser Wetter, die über den Mäuseberg fahren, ducken sich Kreuzchen des Kirchhofs von Schalkenmehren. Es ist ein ergreifendes Bild, sieht man vom Dorf Schalkenmehren herauf, das unten am hellen fischreichen Schalkenmehrer Maar liegt, die Totenlade auf den Schultern keuchender Träger bergan schwanken. - Auf der anderen Seite des Mäusebergs liegt das lachende Gemünder Maar, ein lieblicher Badeplatz für die Sommergäste von Daun.

Nach dem Laacher See ist unter all den vielen größeren und kleineren Maaren der Eifel das Pulvermaar das größte. Und es hat auch die größte Tiefe von allen tiefen Seen in deutschen Landen. Kommt man am heißen Tag übers sonnige Plateau gewandert, die schnurgerade Linie der moosbehängten Ebereschenbäume entlang, so fühlt der Müde schon beim Dorf Gillenfeld einen erquickenden feuchten Gruß. Da liegt es dann bald, das Maar mit dem Rund eines riesigen Eies, von mächtigen Buchen in schattendem Kranz umstanden, in der Lava-Asche, die, schwarz und feinkörnig wie Pulver, dem Maar seinen Namen gegeben hat.

Am Pulvermaar vorbei führt der Weg nach dem vielleicht romantischst gelegenen Ort auf der Eifel: nach Manderscheid mit seinen zwei Burgen.

Die größere Hälfte des Dorfes liegt oben; eine Mühle und ein paar Häuschen ducken sich unten am Abgang bei der ewig rauschenden Lieser.

Das Tor der Niederburg liegt an der Straße; wir treten ein, gehen Treppchen hinan, durch Gänge und Säle, durch das ganze Revier einer großen Burg, die erst Ende des 18. Jahrhunderts, von den Franzosen zerstört, in Trümmer sank. Aber noch gibt es sichere Bogenfenster, auf deren Brüstung sitzend man hinüberblickt, wo auf scharf geschwungenem Felsgrat die zweite Burg liegt, von der Lieser umschlängelt. Hier saßen vor dem Jahr 1000 schon Grafen von Manderscheid; die von der Ober- und Niederburg lagen in steter Fehde. Harte Zeiten, harte Menschen. Wie oft habe ich die Geschichte von dem Fräulein der Burg Niedermanderscheid gehört, die der harte Vater, weil sie dem Knappen Hugo liebte, lebendig einmauern ließ. Wer aufpaßt, der kann sie abends noch jammernd rufen hören: „Huh, Huh!“

Wahr ist, daß man in der Mauer des Wachtturms in einer Art Kamin, so groß, daß ein Mensch darin stehen konnte, ein kleines irdenes Gefäß, einen Stein zum Draufknien und ein menschliches Gerippe fand.

Sonnenschein und Sehnsucht nach weiterem Rundblick führen uns fort, hinauf zum nahen Mosenberg. Da liegt er dahingestreckt, ein schlafender Riese in grünem Gewand. „Hinkelsmaar“ und „Wanzenboden“ an seinem Nordfuß können mit ihren so gar nicht poetischen Namen nichts von seinem Zauber nehmen. Mosenberg im Ungewitter, wenn Blitze hinzucken über feine Lavablöcke, Mosenberg in Morgensonne, wenn am schlafumfangenen kleinen Maar heimliche Erdbeeren ein duftiges Frühstück bereiten, Mosenberg im Herbstbrausen, wenn das Kreuz, das man seinem einen Kraterkopf aufgepflanzt hat, sich zu neigen scheint, ist immer Glanzpunkt der Eifel.

Und der Glanzpunkte gibt es noch so viele. Wollte ich meiner Liebe die Zügel schießen lassen, ach, ich käme ja viel zu weit! Mag doch ein jeder nun selber ausreiten ins Märchenland! Von Himmerod, dem Kloster angefangen, das als Ruine so schön im Salmtal lag und jetzt wieder neu aufgebaut ist, am Weiberdorf vorbei, hinüber nach Kyllburg und von da bis gen Trier, oder hinauf nach Manderscheid und übers Plateau gen Daun, überall dünkt es mich am schönsten. Eine kleine Bahn geht von Daun nach Gerolstein, dem höchst merkwürdigen Ort. Vor der Sündflut gab es hier schon Bewohner; im Buchenloch, jetzt Mammuthöhle getauft, entdeckte der Maler Bracht ihre Spuren: herdartige Steinlager, Feuersteine, Steinwaffen und Knochenstücke vom Mammut. Nach den Höhlenbewohnern kamen die Römer. Sie legten kunstvolle Estriche an, deren man hier noch mehrere entdeckte; und unter Schutthaufen fand man Statuen und Münzen. Aber die entsprechendsten Zeugen von Gerolsteins reichbbewegter Vergangenheit sind die vielen vulkanischen Erhebungen, die Lavaströme, die Kalksteinhöhlen und die mächtigen Dolomitfelsen, deren einer, einer zersprengten alten Burg täuschend ähnlich ist.

Es gäbe noch viel, so sehr viel zu erzählen und zu schildern! Es ist unmöglich, hier all das aufzuzählen, was schön ist und sehens- und liebenswert; ich will ja auch keinen Eifelführer schreiben. Aber warm ist mein Herz darüber geworden, es hat sich im Erinnern glücklicher Eifler Tage gefreut, und so werden auch die sich freuen, die vielleicht einmal mir nach die gleichen Wege wandern.

Quelle: Wegweiser Kalender 1927, August Scherl GmbH, Berlin

Kalenderblatt aus dem Jahre 1931

Heimatbilder

Im Begriff die begleitenden Worte zu den schönen Federzeichnungen meines Freundes Fritz von Wille zu schreiben, trifft mich die Nachricht „Burg Eltz niedergebrannt“ wie ein Schlag. Soll denn in Deutschland alles in Trümmer gehen, Ruine werden, was uns eine glücklichere Zeit an Reichtum und Schönheit hinterlassen hat?! Die Eltz dahin, die Schönste der Schönen! Ein Wunder verloren, das sich uns offenbarte, strich man von Münster-Maifeld her durch‘s wogende Korn.

Felder, Felder, Felder, beladene Obstbäume, niederhängend in Klee und Korn, gesegnete Weiten unter tiefem Blau, im Blau unruhige weiße Wolkenballen - da plötzlich an jähem Absturz das braune Missionskreuz von Wierschem. Und tief unter dem, vom Wildbach in der Waldschlucht umbraust, auf trotzigem Fels, von Jahrhunderten umwittert, von Kriegen rings umlodert und in ihrem Versteck doch immer unversehrt geblieben, die vielgetürmte Burg, das Märchenschloss der Eifel.

Der Wald stöhnt, der Bach schluchzt, ein Klageruf geht durch’s rheinische Land: die Eltz ist nicht mehr! Unzählige sind zu ihr gepilgert, haben einen Schauer der Ehrfurcht gefühlt und des Entzückens: das stand da nun schon so lange, so lange, bald an die tausend Jahr, und immer diese selben dicken Mauern, aus deren Schießscharten der Hopfen jetzt die schuppigen Früchte hängt, die Wildrose blüht, am Brombeergerank die schwarzen Eifeltrauben glänzen. Und immer dieses selbe Geschlecht der Eltz, das drin haust, in den von Jahrhundert zu Jahrhundert wohnlicher werdenden Gemächern, fromme Reliquien aus den Kreuzzügen zwischen den Waffen rauherer Ahnen an den Wänden, auf den kahlen Steinfluren weiche Teppiche des Orients, drauf die Töchter derer von Eltz die verwöhnteren Füße setzen. Außen wunderbar erhalten und auch innen mit sorglicher Pietät von Generation auf Generation vererbt, so war die Eltz. Ein Bild deutschen Rittertums. Ach, der Rittergeist ist entflohen, nun ist auch das Haus dahin!

Verbrannt soll die Eltz sein, wie das geschehen konnte, weiß ich nicht. Noch 100 Jahre und dieses Märchenschloss ist von der Sage umwittert gleich all den andern Burgen der Eifel. Und ihrer sind viele. Vor dem Jahre 1000 schon saßen die Grafen von Manderscheid auf der Oberburg, sie bauten die Niederburg, von der Lieser umschlängelt, an beiden bröckelte die Zeit, bis das Ende des 18. Jahrhunderts, als damals wie heute die Scharen der Feinde das Rheinland überfluteten, sie völlig zerstörte. Und wie den Manderscheider Burgen erging es der Nürburg, die so weit schaut über das Hochland, benachbart grüßt den Bergkegel der Hohen Acht. Auch sie fiel, 1690 schon, den Franzosen zum Opfer. Viel Schätze sind hier wohl nicht zu finden gewesen, arm ist hier das Land, es besitzt kaum viel anderes als die wunderbare Reinheit seiner starken Luft, als seine bienenumsummten, lerchenüberzwitscherten Wege durch stille Heide, aus der, einer Fata morgana gleich, plötzlich tiefblauende Kuppen aufgaukeln.

Die Casselburg bei Gerolstein war schon ein fetterer Bissen. Ihre zwei gewaltigen Doppeltürme schauen heute noch stattlich über den hohen Buchenwald hinüber zu dem mächtigen Dolomitfelsen der Munderlay und zu noch wunderlicheren Felsbildungen - „Auburg“ - die täuschend einer Burgruine gleichen. Von all den Merkwürdigkeiten Gerolsteins geologischer und archäologischer Art, von den Kratern „Papenkaul und Hagelskaul“, von den Ausgrabungen des römischen Estrichs und den Statuen eines Tempels, von der Mammuthöhle, drin der Maler Bracht im Jahr 1879 Knochen des Mammut und anderer vorsint-flutlicher Riesen aufstöberte, auch die Herde, Lagerungen und Feuersteine der Ururbewohner entdeckte, weiß jedes wissenschaftliche Werk besser zu berichten als ich. Auch dass die Geschichte von Schloss Gerolstein um 1115 anhebt.

Freilich, es ist ein wunderliches Gefühl, so auf den Wegen einer Vergangenheit zu wandern, ich habe das nie stärker empfunden als hier in der Eifel. Es war im Frühherbst, da stand ich zwischen verstreuten Lavabrocken und sammelte Brombeeren. Ich blickte rechts, ich blickte links, vom Eifer des Pflückens besessen, der dem Jagdeifer gleich kommt, mit dem der Jäger das Wild verfolgt. Wie sie lockten, wie sie glänzten die würzigen Beeren, nirgendwo süßer, nirgendwo würziger als grade hier! Abschüssiger Hang, fest bohrt sich mein Schuh in die schwarze Asche, unter meinem benagelten Tritt knistert und knirscht uralte Lava. Vom Himmel herab glost noch die Sonne, prallt mir auf den Scheitel, prallt dem Kraterkamm über mir auch auf den Kopf, prallt auf die Asche, dass ich sie heiß unter den Sohlen spüre, glühend heiß. Als brännte da heimlich unterirdisches Feuer wie vor Jahrtausenden und drängte zu Tag. Ich war wie trunken. „Tausend Jahre sind vor mir wie ein Tag“, das hatte ich immerfort in den Ohren. War es die Sonne, die also sprach, oder der schwarze Kraterkopf, oder die Luft, die mich umfloss wie ein heißes Bad, heilend und erregend zugleich? Einen Blick hinab in's tiefe grüne Tal, wo Häuser stehen, wo Menschen wohnen, tat ich nicht - mir schwindelte - das war alles mir weit entrückt, grenzenlos fern. Und ohne Grenzen ging ich durch Fantasieland, durch Kinderland - uralte Mären von Pech und Schwefel, von Sodom und Gomorrha und Sintflut standen auf und sahen mich an. Der Kraterkopf über mir fing an zu spucken, das grüne Tal unter mir nur Flammen und Rauch, vernichtender Lavastrom allüberall. Und ich mitten darin, ein winziges Etwas, hilflos und doch nicht beängstet. Stand denn mein Fuß nicht auf Jahrtausenden? War dieses Land nicht ewiges Land? Aus Schutt und Asche war es einst erstanden, und abermals wird es sich neu begrünen nach Untergang, blühen und Früchte bringen zu seiner Zeit.

Als ich zu Tal kam, läutete die Glocke des Kirchleins ängstlich, sie rief zum Gebet - es steht zur Zeit nicht gut um das Vaterland - „Ave Maria, gegrüßet seist du! Gebenedeite, bitt für uns!"

Zur Genofevaburg bei Mayen führt eine Brücke, wenn ich nicht irre, verbindet sie unmittelbar die letzten Häuser der Stadt mit der Burg, und die spätgotische Pfarrkirche ist auch nicht weit. Aber es ist lange her, dass ich dort gewesen bin, erst die Zeichnung Wille's erweckt die Erinnerung. Ich habe wieder ganz den Eindruck der massigen Burg, des gewaltigen Mitteltums, der so aussieht, als könne er gut noch einem Jahrtausend Trotz bieten. Die zarte Gestalt der Genofeva schwindet hier, desto wuchtiger schreitet der wilde Golo durch's weite Gemäuer. Hier bedrängte er die Unschuld, hier warf er sie in den Turm, hier erstickten die dicken Mauern jeden Schrei. Hier ließ er die Frau, die die Treue dem fernen Gatten nicht brach, hinausführen in den Forst, sie dort zu töten. Aber den bösen Buben, die er zum Mord gedungen, gebrach der Mut, Augen und Herz vom Reh wiesen sie auf daheim als Beweis der Tat, und Genofeva floh in die Wildnis hinein. Sie lief und lief Tag und Nacht, bis sie Unterschlupf fand in einer Höhle. Die war im Sandstein, hoch oben am Berg. Da saß nun die bleiche Genofeva im roten Stein, ringsum grüne Wildnis, sie hüllte sich in ihr goldenes Haar und sah hinab auf den Ramstein, das Jagdschloss des Gatten, darinnen sie einst selige Tage und Nächte in traulicher Zweisamkeit verlebt hatte. Sie weinte und betete in ihrer Einsamkeit, bis dass der Tag kam, an dem Schmerzensreich ihr geboren ward. Den säugte die Hirschkuh; und alle Tiere des Waldes: der Bär, der Hase, der Wolf, das Eichhorn, die Taube, der Fuchs, der Luchs, das Reh, das Wiesel, die Schlange, der Hirsch und die flötende Nachtigall kamen und dienten ihr.

So denke ich mir die Legende von der heiligen Genofeva, mag sie vielleicht auch ein wenig anders erzählt worden sein in den Spinnstuben von Mayen und Monreal, oder noch erzählt werden von den Kindern, die zu Monreal im wildschönen Tal auf der Brustwehr der Eltzbrücke sitzen, mit den nackten Füßen baumeln und den seltsamen Fabeltieren, die unterm uralten Steinkreuz hocken, auf dem Buckel reiten.

Viel, viel Poesie spinnt in den Winkeln und Gassen der Eifelnester, um manches Städtchen, z.B. um Hillesheim, das friedlich und freundlich in fruchtbaren Feldern liegt, legt die uralte Stadtmauer noch ihren Zauberring. Wachttürme und Ausluge jetzt nur noch romantische Beigabe, einst waren sie Schutz für Handel und Wandel und fleißige Bürger.

Schönecken in der Westeifel kenne ich nicht, ich muss es zu meiner Schande gestehen. Hier muss der Maler ganz allein sprechen. Und er tut es auch. Malerisch genug grüßt das alte Gemäuer hinab in die enge Gasse, es lohnt sich schon den Weg dorthin zu machen. Aber wer kann hier alles sehen, hier überall wandern?!

Ihr glücklichen Augen,
Was je ihr gesehen,
Es sei wie es wolle,
Es war doch so schön!

Meine Augen werden hell, wenn ich von der Eifel spreche, sie ist und bleibt die Heimat meiner Sehnsucht und die Liebe meines Herzens. Von dem aber, was mir am teuersten in ihr ist, mag ich nicht preisend reden, da stellen die Worte sich mir nicht warm genug ein. So fassen wir nun die Hand des Wandrers, der Maler und ich, und führen ihn still.

Und da stehen wir nun miteinander auf dem Mosenberg bei Manderscheid und sehen die tiefdunkle Lavakuppe sich gegen den Himmel heben wie den Kopf eines vorzeitlichen Ungetüms, das eben im kleinen Maar hinter seinem Rücken den Durst gelöscht hat und jetzt, neugestärkt, den Ruf seiner ungebändigten Kraft und Schönheit in die Weite posaunt. Wille hat hier ein Kreuz aufgepflanzt, in Wirklichkeit steht ist nicht da, aber in einer poetischen Verklärung gesehen, passt es doch hin - dem vorsintflutlichen Ungetüm das Kreuz auf den Nacken.

Und unsere Blicke fliegen weiter, in jene Ferne, wo im duftigen Blau die Tafel des Mäusebergs ihre Platte breitet, darauf das Dronkedenkmal sich wie ein Weiser reckt: „Du, hier pass auf!“ Und da ruht in tiefer Mulde, zwischen nackten Höhen eingebettet, das Weinfelder Maar, das Totenmeer, wie es der Volksmund heißt. Kein Wald steht darum und rauscht, kein Buschwerk gibt schützenden Schatten, nur kurzes Gras rupft eine Herde genügsamer Schafe. Kein lauter Ruf von der Welt, alles sehr still, wie in Ergriffenheit in sich versunken. Abgrundtief ist das Maar, abgrundhoch der Himmel über ihm, am Ufer sitzt Frau Melancholie und sinnt und sinnt. Hinter ihr ragt ein Kirchlein, mit Schiefer gepanzert gegen Wetter und Graus - das Kirchlein der Toten. Viele Kreuze, uralte, alte und neuere, stehen herum im umfriedeten Anger - es ist der Kirchhof unten von Schalkemehren. Gehe hin und sieh: da ruht sich‘s sanft!

Quelle: Clara Viebig Archiv

Hochwasser in Düsseldorf

Meine Kindheit im alten Düsseldorf

Von dem heutigen Düsseldorf, das als eine der schönsten Städte der Rheinlande gilt, weiß ich nichts zu sagen. Es ist mir fremd. Fremd geworden wie ein Gesicht, dessen liebe Züge man aus der Jugendzeit her genau im Gedächtnis trägt, das man zeichnen könnte, wenn man das Talent dazu besäße, in das man sich aber nicht mehr hineinfinden kann, wenn man es nach Jahren wiedersieht, weil aus dem schlichten Kindergesicht mit den einfachen Linien ein kompliziertes geworden ist – das Gesicht einer vornehmen, eleganten Frau.

Ach, mein Düsseldorf, nein, du bist es nicht mehr! Wenn ich jetzt auf meiner Fahrt nach der Eifel in Düsseldorf Halt mache, um das Grab meines Vaters zu besuchen, der draußen weit an der Golzheimer Heide seine letzte Ruhe gefunden hat, dann fahre ich durch lauter Straßen, die ich nicht kenne. Das sind lange, breite, wohlgepflegte Straßen, und die elektrischen Bahnen rollen, und die Autos tuten, und die Droschken beeilen sich; das ganze laute, hastige Treiben einer Großstadt umfängt mich. Und ich stehe verwirrt, und es wird mir so wehmütig: wo ist mein stilles, gemütliches, altes Düsseldorf geblieben? Es lebte nur noch in meiner Erinnerung.

Und so bitte ich denn die, die mit mir durch Düsseldorf wandern wollen, sich in die Jahre des vorigen Jahrhunderts zurückzuversetzen, in denen noch die alte Akademie, das frühere kurfürstliche Schloß stand – unweit davon, wo jetzt die großartige Brücke herüberführt nach Krefeld – und mit schwärzlichen Mauern hinab auf den Rhein blickte. Schön war sie nicht, die alte Akademie, und ich bin gewiß, die neue am Hafen ist auch ungleich zweckentsprechender, aber wenn man von der „Anderen Seite“ herüber nach dem düsteren Gemäuer blickte, dann machte sich das sehr malerisch, und es kroch einem zugleich ein angenehmer Schauder über den Rücken. Da oben in jenem Saal, da – da ließ sich zuweilen die schöne Jakobe von Baden sehen, die unschuldig Gemordete. Sie eilte im weißen Nachtgewand mit fliegenden Haaren an den Fenstern vorbei und suchte ihren Häschern zu entkommen. Der Wind vom Rheine blies, er winselte und pfiff um die vorspringenden Simse – das war der Jakobe Klageruf, der immer noch nicht schwieg! –

Die Akademie brannte ab, als ich noch ein kleines Mädchen war. Wann weiß ich nicht genau; ich weiß nur, dass ich die Masern hatte und starkes Fieber, und meine gute Mutter deshalb die Nacht an meinem Bettchen saß. Es mochte Mitternacht sein. Da ging ein Lärmen und Tuten, ein Schreien und Laufen auf unserem sonst so stillen Schwanenmarkt los, dass ich aus wirrem Schlummer aufschreckte. Halb war's Wirklichkeit, halb Fiebertraum – läuteten die Glocken? Die eine dröhnend dumpf, die andere wimmernd hell: „Bimbam, bim bam bum!“ Ganz Düsseldorf steht in Flammen!

Meine Mutter hatte die Läden zurückgestoßen und das Fenster geöffnet – unser Zimmer lag zu ebener Erde – sie beugte sich weit hinaus.

„Mutter, Mutter, brennen wir auch ab?!“ O weh, wie sollte ich wohl so geschwind weglaufen können, ich war doch krank! Meine Stirn glühte, und doch klapperten mir die Zähne, der Angstschweiß brach mir aus, wirre Gedanken jagten durch meinen schmerzenden Kopf.

„Mutter, Mutter!" – Da legte meine Mutter ihre kühle Hand auf meine Stirn: „Schlaf, mein Kind, schlaf! Was sprichst du denn von brennen?! Draußen sind Angetrunkene, die machen Lärm auf dem Schwanenmarkt!"

Aber am Morgen war's doch wahr, am Rhein ragten ausgebrannte Mauern traurig in den noch von Qualm umdüsterten Himmel – das alte Schloß war nicht mehr.

Noch eine Weile standen seine Trümmer. Wir sahen sie, wenn wir zum Zolltor hinausspazierten, am Rhein entlang auf holprigem Pflaster, um zu den Äpfeln zu gelangen, die zur Herbstzeit gerade da aus den Kähnen geladen wurden und in Körben, wohlgeordnet in Reih und Glied, verlockend leuchteten. Ich habe nie mehr in meinem Leben solch schöne Äpfel gesehen, auch nicht in Bozen und Meran, dem gepriesenen Obstland. Es gab Reinetten, riesengroße-glattgrüne, und solche mit feinen Pünktchen, die Rabauen waren zwar grau nur und unscheinbar von außen, aber innen, ach, so aromatisch und mürb. Und da waren die lieben Borsdorferchen, die es jetzt gar nicht mehr gibt; klein, gelb mit roten Bäckchen, auf denen winzige Warzen saßen. Christkind! Christkind! Hei, das waren ja die Weihnachtsäpfel! Auf der einen Seite vergoldet, hängen sie am Christbaum, und wenn man das Schaumgold abreibt und hineinbeißt, dann weiß man ganz genau, wie Weihnachten riecht und schmeckt, dann ist man ganz voll von dem Zauber dieses wundersamsten aller Feste, an dem Christkind in der Krippe liegt, und ich mit unserer katholischen Dienstmagd bei stockfinsterer Nacht vor Morgengrauen in die Jesuitenkirche tappte, um es mit heiligem Entzücken zu schauen. –

Das Kind hatte viele Feste im Düsseldorf der Vergangenheit. Noch lebt das Martinsfest, aber ich glaube kaum, dass es die Kinderherzen jetzt noch so begeistert wie dazumal. Die elegante Stadt hüllt sich nicht mehr in den Schmalzduft der Puffertkuchen, den ich noch immer rieche, wenn ich an Bolker- und Flingerstraße denke, an all die Gassen der Altstadt, in denen sich das Treiben des Martinsabends am konzentriertesten abspielte.

Da zogen wir um den Jan Willem auf dem Markt, und der alte Herr, auf dessen Allongeperücke immer so unendlich viele Spatzen saßen, sah ganz wunderlich-vergnügt drein beim Martinslämpchenschein. Sein mächtiger Gaul mit dem langen Schwanz hob die Hufe, als wollte er gleich mitstampfen: Lustig, lustig, tralle-rallalla!

Das helle Schirpen der Kinderstimmen war damals die einzige Musik, schrill und dünn klang es durch die Novembernacht, aber so fröhlich, so selig wie erster Lerchenwirbel im Frühlingsfeld; man kannte es damals noch nicht, von Musikchören begleitet zu werden. Den ausgehöhlten Kürbis, in dem ein dünnes Kerzchen brannte, hoch auf dem Stecken oder wie ein Körbchen, an dünnen Schnüren schaukelnd, in der Hand, so zog man aus. „Hier wohnt ein reicher Mann – Der uns wohl was geben kann!" Es gab damals nicht so viel reiche Leute in Düsseldorf wie jetzt – mit dem Werden zur Industriestadt ist der Reichtum gewachsen – aber reich genug waren viele, um die vor der Tür singenden Kindertrüppchen zu beschenken: Puffertkuchen, Spekulatius, Printen, Äpfel, Nüsse und Kastanien, allerlei Leckers, das wir jetzt wohl kaum mehr als Leckerbissen erachten würden.

So oft ist vom Martinsabend berichtet worden in Geschichten und Bildern, das Gewimmel der im Dunkel leuchtenden Martinslichter hatte etwas Phantastisches, etwas Malerisches, Knaus und Vautier, damals die Größen der Düsseldorfer Genremalerei, hatten gewiß ihre Freude daran. Nun ist der Kürbis, wie so manches andere, zu seinen Vätern versammelt. Sterne, Monde, Sonnen, Lampions in allen möglichen Formen und Ausgestaltungen, leuchtend in Farben; die Papierlaterne aus dem Lande Japan hat den schlichten gelben und grünen Kürbis verdrängt, der in manchem Gärtchen, an mancher Böschung sorgsam gezogen wurde, von Kinderaugen ängstlich gehütet, von kleinen Händen fleißig begossen, damit er so groß, so dick wurde, daß man ihn dann kaum tragen konnte auf der Stange.

Im Rücken des Jan Willem auf dem Markt stand damals das Theater. Kein schöner Bau; ihm kann selbst meine Erinnerung keine verklärtere Gestalt anzaubern. Es war die reine Räuberhöhle, so eng, so finster, so unheimlich die engen Gänge, höchst feuergefährlich und miserabel ventiliert. Und doch, es war dasselbe Theater, in dem Immermann mit feinfühlender Hand Schätze der Dichtkunst enthüllte, und aus der Düsselstadt eine Stätte zu schaffen suchte, von der aus nicht nur Gemälde bis in alle Fernen gingen, sondern die auch geistig befruchtend auf die ganze literarische Welt Deutschlands wirkte.

In dieser schmutzigen, verkommenen Bude wirkte zu meiner Zeit freilich kein Immermann mehr, aber, o was gä-be ich darum, könnte ich noch einmal klopfenden Herzens zu jenem alten Musentempel pilgern, mit dem ganzen naiven Entzücken des Kindes, das Käthchen von Heilbronn in mich aufnehmen oder mit durstigem Ohr die göttlichen Klänge des Fidelio trinken! Man machte keine schlechte Musik in der alten Bude; das, was innen geboten wurde, stand mit dem Äußeren des Theaters in keinem Vergleich. Was an der Aufmachung fehlte, das ersetzten die Leistungen – oder war ich damals wirklich so kritiklos, dass ich mich jetzt im modernen Theater mit der raffinierten Ausstattung so sehr zurücksehne nach der rumpligen Bude am Düsseldorfer Markt?!

Das alte Theater stand noch eine Weile, als das schöne neue an der Alleestraße schon gebaut war; es wurde noch Sonntags drinnen gespielt zu ermäßigten Preisen. Dann verschwand es vom Erdboden. Ich weiß nicht, ob noch viele sich seiner dankbar erinnern, ich tue es jedenfalls; denn es hat mir selige Abende geschenkt, Abende, an denen meine Wangen glühten, meine Augen leuchteten, und ein vielleicht noch unbewußtes und doch schon drängendes Sehnen mein junges Herz erhob zu jenen Höhen, auf denen die Kunst wandelt. –

Von Martinslampen, Äpfeln und Theater ist's nicht allzu weit zur Kasernenstraße, noch kann ich den Weg ganz gut finden. Da wohnte gleich am Anfang oder am Ende – je nachdem von welcher Seite man kommt – der Konditor Neuhaus. Der backte so prachtvolle Cremeschnitten – Gott, was waren die groß für einen Groschen! Und dann seine Weckmänner zum Nikola! Darin war er Meister. Ich weiß nicht, ob die jetzigen Weckmänner auch so ein leckeres Zitronatmaul haben und solch süße Schokoladenknöpfe bäuchlings herunter. Bei uns in der Luisenschule war's Sitte, den Klassenlehrer oder die Klassenlehrerin zu Nikola mit einem Weckmann zu beglücken, und das Gaudium der Klasse war groß, und wir fanden uns ungeheuer witzig, als wir für unsere ältliche Mademoiselle dem Weckmann einen Zettel ins Maul einbacken ließen: „Wer warten kann – Kriegt auch 'nen Mann!“

Ein Stückchen von Konditor Neuhaus, die Kasernenstraße hinauf, fingen die grauen Mauern der alten Kaserne an. Sie waren schon damals recht bröcklig, abgeplatzt, mit Kreide beschmiert, von unnützen Händen mit allerlei Fratzen verunziert. Und doch war es mir, als ich hörte: die alte Kaserne wird abgerissen, als sei es jammerschade um dieses Wahrzeichen von Düsseldorf. Ich freue mich, dass ich es in der „Wacht am Rhein“ festgehalten habe. –

Wieviele hundert Male bin ich an dir vorübergegangen, du alte Kaserne! Auf meinem täglichen Schulweg. Aus den Fenstern lümmelten sich die Drillichjacken und pfiffen hübschen Mädchen nach. Auf dem großen Exerzierplatz, der offen an der Straße lag, nur durch eine Eisenstange abgegrenzt, ritten die Offiziere ihre jungen Pferde ein, und das schnarrende Kommando des wut-schnaubenden Unteroffiziers reizte ebenso zum Zugucken wie das verzweifelte Beinwerfen der gedrillten Rekruten.

Ich bin selber oft in der alten Kaserne gewesen; zu Friedenszeiten freilich nur ein paarmal, als meine Schulgenossin, die Feldwebeltochter, mich heimlich mitschleppte, aber desto öfter in jenem großen Jahr, im Jahre siebzig. Da lag die Kaserne voll von Verwundeten, meine Mutter pflegte darin, und die kleine Klara ging oft durch die Säle, half an schulfreien Nachmittagen den Nonnen den Kaffee, die Butterbrote austeilen und legte auch manchesmal dem todwunden Turko eine Traube zur Erquickung auf die Bettdecke.

O das waren glorreiche Zeiten für Düsseldorf! Ich glaube, jede Stadt wird sich jener Tage besonders rühmen – viel Begeisterung, viel Opferfreudigkeit – aber mir ist es, als wäre damals durch die Straßen und Sträßchen, durch Düsseldorfs Gassen und Gässchen ein Geist gewandelt, der Reiche und Arme, Hohe und Niedrige so zusammenführte, als sei da kein Abstand mehr. Ich sehe noch den alten Schuster Einbrod, wie er meinem großen Bruder, der mit in den Krieg mußte, die Feldstiefel anmaß, und wie er, der sonst so Demütige, allzeit ans Knien Gewöhnte, sich plötzlich von den Knien erhob, seine gedrungene Proletariergestalt zu dem schlanken Jüngling aufreckte, ihm die Hand auf den Scheitel legte und ihn mit so feierlich-inniger Stimme segnete, als sei der Ausziehende sein eigener Sohn. Meine Mutter stand still dabei, dann gab sie dem Meister Einbrod die Hand und sagte: „Ich danke Ihnen!" Und mir, die sonst so gern über den kleinen krummen Schuster lachte, fiel es heute gar nicht ein, auch nur ein bisschen zu lächeln.

Über die Schiffbrücke, die vom Zolltore hinüberführte auf die „Andere Seite" und immer dann gerade ausgefahren wurde, wenn man hinüber wollte, marschierten am tauigen Frühmorgen die jungen Söhne der Stadt nach dem kleinen Bahnhöfchen Oberkassel. Da wurden sie verladen. Es gaben ihnen viele das Geleit: Herren und Damen, Männer und Frauen; eine Familie war es, die da von ihren Kindern Abschied nahm.

Wir hatten einen Rosenstrauch im Garten, eine ganz gewöhnliche weiße, halbwilde Rose, aber der Strauch blühte immer so reich, dass er wie beschüttet stand mit lauter schlohweißen Blumen. Von diesen Rosen hatte meine Mutter dem ausziehenden Sohn eine an den

Helm gesteckt. – „Der kommt nicht wieder," flüsterte man bang, „eine Totenrose!" – Es schellten viele bei uns an, nicht bloß die Nachbarn, nein, auch Leute, die man gar nicht kannte, frugen treulich nach dem Herrn Ferdinand. Wenn die kleine Klara auf der Steinstufe der Haustür saß und ihre mühseligen Viermal'rum am Strumpfe strickte oder Charpie zupfte, dann wurde oft gefragt: „Habt ihr Nachricht von deinem großen Bruder, wie geht es ihm?"

„Janz jut", sagte ich dann jedesmal. Weiter wußte ich nichts. Ich war zu jung, um den Ernst jener Tage zu begreifen, Es machte mir Spaß, daß ich mir jetzt soviel allein überlassen war, es machte mir noch mehr Spaß, in der Kaserne herumzuhuschen; es grauste mich nicht vor all den Verwundeten, die da Bett an Bett, Freund und Feind dicht nebeneinander lagen, und es grauste mich auch nicht vor den Papptafeln, die ich auf meinem Weg zur Schule vor manchem Haus im Winde schaukeln sah: „Hier sind die schwarzen Pocken." Meine Mutter ließ sich impfen. Von der Größe jener Zeit, von ihrer Angst und Not aber war keine Spur in meinem Kinderherzen. Nur zwei Momente sind mir erinnerlich, deren Eindruck ich heute noch fühle.

Die Schlacht von Spichern war geschlagen, unsere Neunundreißiger waren mit dabei – mein Bruder! Eine Karte kam von ihm, mit Bleistift gekritzelt: „Liebe Mutter, ich bin gesund, aber viele von uns sind gefallen, Unteroffizier Wiegmann auch." Und am selben Tag kam die Mutter jenes jungen Wiegmann, eine in Düsseldorf berühmte Malerin, zu meiner Mutter in die Kaserne. Sie stürmte herein, von Angst gepeitscht, ihre schwarzen Haare flogen um das todblasse Gesicht. Ich stand neben meiner Mutter, faßte unwillkürlich nach deren Kleid, mir wurde ganz angst. Wie verwildert die Augen der Frau blickten!

„Sie haben Nachricht von Ihrem Sohn, hörte ich – von meinem Sohn habe ich keine! Ich habe keine! Wissen Sie, sagen Sie – oh, wissen Sie, lebt mein Sohn?!" Ich fühlte meine Mutter erzittern, ich zitterte auch. Es fasste mich das Leid jener Zeit an, zum erstenmal. - -

Und dann kam der zweite September. Vater und ich saßen ahnungslos beim Abendessen, die Mutter war noch in der Kaserne, da erhob sich draußen auf dem Schwanenmarkt ein Rufen, ein Durcheinanderschreien. Das war kein gewöhnlicher Lärm. Neugierig wollte ich aufspringen, da riß auch schon unsere Nachbarin, die Regierungsrätin, die zwei Söhne im Feld hatte, die Tür auf, ihr Gesicht strahlte, und ganz deutlich drang es jetzt von außen zu uns herein: „Sieg – großer Sieg – Napoleon gefangen – Krieg aus!" Bum – da fiel auch schon ein Kanonenschuß – noch einer, noch einer! Und jetzt fingen alle Glocken an zu läuten, die evangelischen und die katholischen. Und aus ihren Häusern stürzten die Leute, sie lachten, sie weinten, sie fielen einander in die Arme auf offener Straße: o Jubel, o Jubel, nun war der Krieg gewiß bald aus!

Mein Vater eilte zur Mutter in die Kaserne, ich blieb allein am dunkelnden Abend. Und ich setzte mich auf meinen Stammsitz, die Haustürschwelle, da wollte ich die Eltern erwarten. Der Lärm auf dem Schwanenmarkt war jetzt verstummt, alles war in die innere Stadt gelaufen; es war still unter den Lindenbäumen, noch sommerlich-warm, und in den wilden Grasflächen unseres Platzes zirpten die Grillen. Und dunkel war's, nur an je einer Ecke des Vierecks brannte eine Laterne. Ich war fast eingeschlafen, schon senkte sich mein müder

Kopf auf die Knie – da – plötzlich ein Zischen, ein Knattern! Am schwärzlichen Nachthimmel fuhr ein Stern in die Höh‘, seinen langen bläulichen Schweif schleppte er über die Dächer. Und nun noch so einer, noch einer! Raketen – Freudenlichter, von den Bürgern entzündet, Sterne des Jubelns, so groß und leuchtend, dass sie die kleinen Sternchen des Himmels beschämten. Und jetzt aus der Hohen Straße, aus der Bilker Straße heraus, vom Karlplatz her, ein Sausen, ein Brausen, ein Meer von Stimmen, hunderte, tausende, aber sich einend zu gewaltigem Singen: „Nun danket alle Gott!"

Ich saß still, wie geduckt, und faltete meine Hände. Es rührte an die kleine Seele des Kindes die große Stunde – da empfand ich mit Schauern auch das Glück jener Zeit. –

Als der Krieg zu Ende war, freilich nicht gleich nach Sedan, sondern erst lange nachher, wurde manches anders in Düsseldorf. Es wurde vieles gebessert auf Plätzen und Straßen, unser Schwanenmarkt zum Beispiel bekam einen Springbrunnen in seine Mitte, und das war mir damals das Interessanteste. Aber noch immer stellte man abends die Eimer mit Kehricht und Küchenabfall, die dann nächtlicherweise abgeholt wurden, draußen vor die Haustür. Noch immer fluteten die Rinnsteine breit, noch immer konnten wir ungestört Seilchen auf der Straße springen, Stelzenlaufen und Doppschlagen, und noch stieg allfrühjährlich, wenn die Eisschollen auf dem Rhein schmolzen, das Grundwasser in unseren Keller.

Dieses Wasser im Keller ist eigentlich meine fröhlichste Erinnerung an Düsseldorf. Wenn ich nachts aus meinem tiefen Kinderschlaf aufwachte, geweckt durch dröhnende Kanonenschüsse vom Rhein her, dann freute ich mich: aha, jetzt waren die Eisschollen, die wir gestern noch fest wie vor Anker liegen sahen, ins Treiben gekommen. Ha, wie der Westwind blies! Er drehte alle rostigen Riegel, dass sie jammernd quietschten, er klapperte mit allen Läden und drückte gegen die Mauern, dass man sein Ungestüm bis mitten hinein in die Stube fühlte. Aber er war dabei mild, warm-lösend, er brachte den Frühling mit auf seinen Schwingen. Fort mit dem Eis, immerrunter den Rhein – krach, gegen die Schiffbrücke an – schwupp, jenseits ans flache Ufer, dass die Wiesen bald ganz unter Wasser standen. Die „Andere Seite“ sah aus wie ein See; die Schiffbrücke war ausgefahren, sie hätte dem treibenden Eis nicht standgehalten, die Oberkasseler drüben waren ganz von der Stadt abgeschnitten.

In einer solchen von splitternden Eisschollen durchkrachten, von Kanonenschüssen durchdröhnten, sehr dunklen Nacht war es, dass ein Brückenwärter, der sich nicht rechtzeitig in Sicherheit gebracht hatte, mit einem losgestoßenen Ponton den Rhein hinabgetrieben wurde. Er rief, er schrie; niemand konnte ihm zu Hilfe kommen, ein Nachen wäre zerquetscht worden. Vom reißenden Wasser getrieben, in wirbelnder Fahrt, entschwand er gen Holland. Ich glaube nicht, dass ihm weiter großes Unheil geschehen ist, aber jedenfalls habe ich immer an ihn gedacht, als ich später in der Schule das schöne Gedicht auswendig lernte: „Wir hatten musiziert in der Frühlingsnacht. - Wir gingen über die Elbe, als das Eis schon kracht.“ –

Meist aber waren die Eindrücke der Düsseldorfer Wassersnot mir höchst erheiternde. Die Leute, die unten am Zolltor wohnten, hatten ihr Parterre preisgegeben und hockten in ihrem oberen Stockwerk.

Da saßen sie nun wie gefangene Vögel im Bauer auf der obersten Stange, und das Futter mußte ihnen von außen durch die Fenster zugereicht werden. An langen Stöcken schwankten die Eimer mit Wasser, schaukelten die Körbe mit Kartoffeln und Brot. Ein Nachen kreuzte beständig in dem bedrohten Stadtteil. Bergerstraße, Flingerstraße, Bolkerstraße, Hunsrück-, Ratinger- und Mühlenstraße und wie sie alle heißen, alle unter Wasser. Um den Jan Willem auf dem Markt spülten hochgehende Wogen, und selbst bis zur Alleestraße hin schwuppte die schwarze Tunke. Die Laternen, die man nicht mehr hatte ausdrehen können, brannten flinzelnd in den Tag hinein; auf schwankenden Laufbrettern stahl man sich von einem Haus zum anderen, die Straßenjungen patschten barfuß mit aufgekrempelten Hosen, die feinen Herren schlugen die Beinkleider um, und die Damen hoben die Röcke so hoch, daß man ganz genau wußte, wer dünne und wer dicke Waden hatte. Das Allerkomischste war mir aber, dass mein Vater, mein ernster Vater, in einen Nachen steigen und sich herunterfahren lassen mußte zur Regierung oben an der Mühlenstraße.

Bei uns am Schwanenmarkt kam die Magd wie eine Nixe aus dem Keller herauf; ihre nassen Kleidersäume tropften. Oh je, da konnte man nun nicht mehr herunter, selbst die Kartoffeln, die doch am höchsten lagen, waren schon bespült, das Sauerkraut schwamm bereits in seiner Ecke und hinten im Kohlenkeller stand eine schwärzliche Brühe. Die Kellertreppe herauf retteten sich die Ratten, die vom nahen Lopohl her leider immer die Nachbarschaft besuchten; entsetzt aufschreiend schlug ich einmal eine auf der Treppe tot. Aber es hielt uns weder das Ungeziefer, noch die

Gefahr, gründlich nass zu werden, davon ab, in einer Waschbütte, mit zwei Holzscheiten rudernd, unten im Keller Wasser zu fahren. Es war uns zwar streng verboten; höchstens wurde uns gestattet, Nussschalen mit brennenden Wachslichtstückchen schwimmen zu lassen und an diesen kleinen Gondeln, die von der Treppe abstießen und bald wie märchenhafte Leuchten im fernen Dunkel des Gewölbes glimmten, unsere helle Freude zu haben.

Nun wird es wohl kein Wasser in den Düsseldorfer Kellern mehr geben, und wie diese Freude meiner Kindertage sind auch die Wiesen verschwunden, die sogenannten Hammer Wiesen, auf denen das fette Vieh der Neußer Viehhändler graste, auf denen wir den jungen Sauerampfer suchten, Butterblumen und Wiesenschaum, und unter den Weidenbüschen am Rheinufer die ersten duftenden Veilchen fanden. Ich bin im Frühjahr fast an jedem schulfreien Nachmittag mit meinen Freundinnen dorthin ausgezogen, jede von uns mit einem Körbchen und mit einem Stecken bewaffnet, um dem neugierigen Vieh, das oft zudringlich wurde, eins aufs Maul zu geben.

Ich begreife es jetzt eigentlich nicht, daß man mich damals so sorglos gehen ließ. Man könnte das jetzt gar nicht mehr. Nicht nur, dass von den Wiesen herzlich wenig übrig geblieben ist – ein kümmer-licher Rest einer uns einstmals unbegrenzt erschei-nenden üppiggrünen Weite – es ist auch viel zu un-sicher geworden um die große Stadt herum. Fabriken über Fabriken. Schornsteine überpusten den Um-kreis mit schwarzem Staub, Arbeiter aus aller Herren Län-der kennen uns nicht, und wir kennen sie nicht.

Was wohl von den Spaziergängen noch übrig geblieben sein mag, die ich damals mit meinem großen Bruder mach-te? In den fetten Wiesen auf der „Anderen Seite“ haben wir herrliche Sträuße gepflückt, dann im Wirtshaus Makai gegessen und Schwarzbrot dazu; wir sind dann weitergewandert über einsame Wiesen, die nur ein Kuhmuhen belebte, der Knall einer Hirtenpeitsche oder das Schnalzen eines Fisches in dem uns begleitenden Strom, bis Heerdt und Neuß, und sind dann mit einer Ponte überge-fahren nach dem Kappes- und Spargeldorf Hamm.

Man kam rascher hinaus ins Freie; wo jetzt lange Häu-serzeilen sich recken, standen damals lauter Kohlköpfe. Das evangelische Krankenhaus lag in weiten Feldern von Kar-toffeln und wogendem Korn. Landschaftlich schön waren die Felder ums alte Düsseldorf gewiß nicht, aber sie waren voll des köstlichen Duftes der tragenden Erde, der Fruchtbarkeit.

Viele, viele glückliche Wege sind wir gegangen, mein großer Bruder und ich; er führte mich an der Hand wie sein Kind. Im Ellerer Busch, am sumpfigen Wasserlauf pflückte er mir Vergißmeinnicht, im Aaper Wald such-ten wir Brombeeren und im März schon den Wald-meister. In Grafenberg, wo noch keine einzige Villa stand, nur ein paar ländliche Wirtshäuser, saßen wir in der Schaukel; bis Gerresheim, Erkrath, Hochdahl sogar führten uns unsere Ausflüge. Ich sah da jetzt im Vorübergehen mit der Eisenbahn einen Wald von Schlöten sich recken. Gott sei Dank, die gab's zu meiner Kinderzeit eigentlich erst im Bergischen Land. Gerresheim, Erkrath stille Dörfer; bachdurchsickerte Wiesen, lauschige Buchenwälder, aus denen das Reh äugte.

Meine Mutter fuhr alle Jahre einmal – es war im Frühjahr, wenn ich nicht irre – mit einer Bekannten nach Elberfeld zum großen Inventurausverkauf. So wurden die Kleidchen für mich, die Weihnachtsgeschenke für die Dienstboten, mancherlei, was man im Jahr gebrauchte, in Elberfeld gekauft; und Knöpfe, Litzen, Band, alles gleich en gros. Als ich einmal mitgenommmen wurde und von oben herab in das enge düstere Tal von Elberfeld hinunterblickte, an dessen Hängen die Häuser mit den schwarzen Schieferdächern übereinanderkletterten, und lange Reihen von ganz gleichen Arbeiterwohnungen mich angähnten, da wurde mir ganz beklommen. Der Himmel war grau, ein feiner Regen näßte - und in unserem Düsseldorf hatte die Sonne doch so hell geschienen! Mich dünkte, es sei ein Hexenkessel, in den ich hineingeworfen werden sollte: enge Gassen, düstere Höfe, rauchende Schlote. Und schwarze Gestalten im Flammenschein. Und ein Dunst, ein Qualm, ein stickiger Brodem und ein Fluss, so schwarz wie Tinte, von dem ich es nie, niemals glauben würde, dass er ein Nebenfluss unseres hellgrünen Rheines sein sollte. Die Leute eilten mit Regenschirmen und Gummischuhen; betrübt senkte ich den Kopf und kniff die Augen zu: wäre ich doch lieber daheim geblieben, hätte ich doch ruhig abgewartet, bis der Korinthenstuten, den meine Mutter immer von Elberfeld mitbrachte, und der sehr lecker war, zu mir kam!

Mich verlangte nach Hause, nach der freundlichen, hellen, liebenswürdigen Stadt an der Düssel, deren ich auch jetzt, nach so vielen Jahren, noch gedenke mit einem Lächeln der Rührung, mit einem Nicken der Freude darüber, dass sie meiner Kindheit einst Heimat war.

Quelle: Rheinische Erzähler, Agenda 1914, Leonhard Tietz, Akt.-Ges., Düsseldorf

Clara Viebig
15 Jahre alt

Die Presse bei Clara Viebig 9.4.1948

Besuch bei Clara Viebig

Zu ihrem 70. Geburtstag am 17. Juli.

Weit draußen, im Vorort von Berlin eine stille Gartenstraße, ein weißes Haus, unter dichten, alten Bäumen, von blühenden Rosenbüschen umheckt, da wohnt Clara Viebig, die vielbewunderte, viel verehrte, die große Schriftstellerin, deren Werke wir alle kennen und lieben. Elastisch, mit jugendlichen Schritten betritt sie das Zimmer, in dem ich sie erwarte - eine zierliche bewegliche Erscheinung, im lichtgrauen Chiffonkleid, das noch lichter wirkte durch den Glanz der tiefblauen, leuchtend klaren Augen.

In Trier an der Mosel, im deutschen Rom ist sie geboren, ganz nah an der Porta nigra - hat ihre Heimat, die schöne, heitere Landschaft, nicht ihrem ganzen Wesen den Stempel aufgedrückt? Mit gewinnender Herzlichkeit kommt sie mir entgegen und beginnt sofort, lebhaft und offen, von sich zu erzählen! Ohne lange Umschweife, frei von gesellschaftlichem Zwang, ist sie schnell mitten im Gespräch - und plaudert mit mir, als sei ich eine alte Bekannte!

„Mein Leben - mein Reich? Das ist mein Garten, mein kleines Haus. Ich gehe nur ganz selten aus und führe eigentlich ein rechtes Einsiedlerdasein. Drei Stunden täglicher Gartenarbeit stehen auf meinem Plan. Und kein Tag vergeht, an dem mich nicht meine beiden Enkelkinder besuchen, zwei wirklich bezaubernde kleine Wesen von vier und sechs Jahren, die immer hinter der Oma herlaufen und mit ihren vielen Wünschen, Bitten, Fragen mich oft recht intensiv in Anspruch nehmen! Und so geht es weiter, mein Gatte, mein Haushalt, und vor allem meine Arbeit! In der letzten Zeit schrieb ich in jedem Jahr einen Roman - „Charlotte von Weiß“ und „Die goldenen Berge“ gehören zu diesen Schöpfungen.

Nun arbeite ich mit Macht an einem großen geschichtlichen Roman. Den Titel weiß ich selber noch nicht: er behandelt die Vergangenheit des Rheinlandes und zieht eine Parallele zur Gegenwart. Ich selbst lese meine alten Bücher niemals wieder, schaue gar nicht mehr hinein - von der Seele geschrieben, abgeschlossen. Um Neues zu schaffen, muß man sich von dem einmal Empfundenen und schon Niedergeschriebenen befreien. Denn ich bin ja mit all den Figuren bis in die letzten Fasern meines eigenen Wesens verwandt und hänge an ihnen; wenn ich mich dann nicht mit aller Energie losreiße, würde ich sie ja immer wieder in meine späteren Werke übernehmen. So käme es auf eine ständige Wiederholung, also eine Unmöglichkeit, heraus! Das, was sich immer gleich bleibt, ist, daß ich mich selbst offenbare, immer wieder mich selbst zum Ausdruck bringe. Wenn ich in Charlotte von Weiß eine Verbrecherin, eine Giftmischerin darstelle, so hat auch sie etwas, irgend etwas von mir, von meiner eigenen Persönlichkeit! Denn es steckt ja in mir wie in jedem von uns ein Stückchen Engel und ein Stückchen Teufel!“

„Ob ich eine moderne oder eine unmoderne Frau bin? Diese Frage kann ich Ihnen kaum eindeutig beantworten! Jedenfalls fühle ich mich außerstande, der Dinge des praktischen Lebens Herr zu werden, wie es so viele tüchtige Frauen von heute ganz selbständig zu tun verstehen. Mir war in meinem ganzen Leben mein Mann unentbehrlicher Helfer und Führer. Übrigens bin ich durchaus nicht gleichgültig gegen meine äußere

Erscheinung, ich denke sehr sorgsam an meine Kleidung und halte es für dringend notwendig, daß wir Frauen uns niemals vernachlässigen - im Alter weniger als je! Man muß auf sich halten, auf sich halten! Das ist und bleibt mein oberster Grundsatz!"

„Mein Kontakt zur Außenwelt? Oh, daran mangelt es nicht! Täglich erhalte ich Stöße von Briefen und Manuskripten mit der Bitte um Prüfung, um ein Urteil. Und ich bin stolz und glücklich, daß die Jungen, die Kommenden sich an mich wenden, dass Sie meinen Rat, meine Hilfe suchen, mein Wort achten! Ich habe es mir zur Pflicht gemacht, keinen dieser Briefe unbeantwortet zu lassen, und versuche, jedem ein wenig mitzuteilen von meinen Erfahrungen, meinen Erkenntnissen. Denn sie haben sich gewiß alle irgend eine bestimmte Vorstellung von mir gemacht, die so zu mir kommen, und ich möchte keinen Menschen, am allerwenigsten die Hilfe- und Rat-bedürftigen, enttäuschen. Das Leben ist ohnehin schwer genug und, gerade in unserer unbarmherzig harten Zeit sollten sich die Menschen immer näher, immer inniger zusammenschließen, um einander zu helfen!"

Ich höre ihr zu, ich sehe sie an und ich frage mich, ich frage sie: wie konnten Sie so jung bleiben, in all der anstrengenden Arbeit? Und mit einem wundervollen Lächeln antwortet sie: „Weil ich in der Natur aufgehe. Es gibt nichts in der Welt, was sie mir ersetzen kann! Kein Kunstgenuß, so sehr ich ihn liebe, kann mir geben, was sie gibt! Ich lebe in der Natur, mit den Blumen, mit den Tieren, und auch hier in meinem Hause, meinem Garten, habe ich ein kleines Tierparadies geschaffen. Mein Kater, mein Dobermannpinscher, meine Vögel - alle vertragen sie sich miteinander und sind meine besten

Freunde! Wirklich - ich kann nur wiederholen, was ich in den „Rheinlandstöchtern“ geschrieben habe: Liege fest, ganz fest an der Brust der Natur, so bekommst Du andere Augen - sie werden heller... Es muß durchaus nicht immer eine besonders schöne Landschaft sein, die mich begeistert. Wenn ich irgendwo über ein Feld gehe, Wiesengeruch atme, dann habe ich nur die eine große Sehnsucht: mich aufzulösen in der Luft, in der Sonne, zu vergehen wie ein Atom in der unendlichen Natur!

Quelle: Mini Vrieslander.
Neue deutsche Badische Landeszeitung, Mannheim

Clara Viebig um 1900

Mittelwalde

Mittelwalde, Bahnhofstraße 41
Hier wohnte Clara Viebig 1941 - 1946

Foto: Hanns-Georg Salm

Ganz nahe bei Berlin...

Ganz nahe bei Berlin, in der Königstraße in Zehlendorf, betritt man einen Zaubergarten. In ihm blüht, duftet und reift es in den prächtigsten Farben. Die Obstfrüchte lachen in die Sonne, und die starken Zweige beugen sich geduldig unter ihrer Bürde. Ein wundersüßes Parfüm, aus Rosen und Lindenblüten gemischt, schwängert die Luft, und man vergisst, dass man wenige Minuten vorher noch inmitten tosenden Lebens, in Berlin, gestanden hat.

Dieser Zaubergarten ist so recht zum Dichten geschaffen, und seine Besitzerin, die hier die Blüten und Früchte der Sträucher und Bäume erntet, pflanzt - angeregt vom Zauber der Natur - tiefe Weisheit in nüchterne Buchstaben ihres farbigen Schrifttums.

Aus einer Fülle silbernen Haares lacht ein gütiges Gesicht den frühen Besucher an, ein Gesicht, das man nicht vergessen wird, weil aus ihm seherisch die klaren Augen einer Dichterin leuchten: Clara Viebig. Sie erzählt aus ihrem schaffensreichen Leben, das im rheinischen Trier begann, und man wagt nicht, sie zu unterbrechen, weil ihre Worte alles so lebendig zu machen wissen, daß man sich in jene ferne Zeit zurückversetzt fühlt, da das Leben in glückhafter Ruhe die Erziehung einer weniger nüchtern denkenden Generation bestimmend beeinflußte.

„Sehen Sie“, sagt die Dichterin, und ihre Augen strahlen wieder jene sanfte Innerlichkeit aus, die wir beim Lesen ihrer Romane empfinden, „vielleicht bin ich unbewußt schon eine der vielen Vorkämpferinnen der modernen Frauenbewegung gewesen, dass ich heraus aus der bürgerlichen Enge und Anschauung einen Beruf gewählt habe, der die Fesseln der konventionellen, veralteten Vorurteile abstreifte. Das ging zwar in damaligen Zeiten auch nicht so ganz einfach, und ich wollte ursprünglich auch erst Konzertsängerin werden, dachte auch noch gar nicht an Schrifttum oder ähnliches. Denn der Beruf der Schriftstellerin oder Schauspielerin war damals für die Tochter eines Beamten noch eine glatte Unmöglichkeit. Ich wollte also Konzertsängerin werden, sah aber doch noch rechtzeitig genug ein, dass meine Stimmmittel für eine große Karriere nicht ausreichend waren.

Wenn ich noch an das Entsetzen in meiner Familie denke, das die ersten Zeitungsbelege mit von mir signierten Artikeln auslöste, so hätte ein wenig Mutiger wohl die Feder hingeworfen und wäre das geblieben, was er war. In meinem Falle also das gutbürgerliche Mädchen. Aber es gab auch zum Glück verständnisvollere Menschen, die mich durch ihr Urteil in meinen Arbeiten bestärkten.

Zu allem gehört natürlich ein bisschen Glück. So wie ich vor vier Jahrzehnten als Schriftstellerin mit Romanen und Erzählungen über die heimatliche Eifel ein eigenes Gebiet fand, so fand ich auch in Berlin, das damals im Anfangsstadium seines Wachstums stand, eine eigene Note in Berlins historischer Entwicklung."

Haben sie nicht oft den Figuren Ihres Romans Eigenarten Ihres Ichs gegeben?

„Sie meinen, ob ich mich nicht manchmal selbst porträtiert habe? Ja gewiß; schon in meinem ersten Romane ‚Die Rheinlandstöchter' habe ich mich gesehen, in der Figur der Nelda Dallmer, in ‚Das Kreuz im Venn', dem Roman ‚Tägliches Brot' und ‚Eine Handvoll Erde' habe ich immer mehr als nur ein Stück von mir den Hauptfiguren gegeben. Ich will Sie nicht mit der Aufzählung meiner sämtlichen Romane und Bühnenstücke langweilen, die finden Sie gewiß schon hübsch katalogisiert; ich will nur sagen, dass es mir stets ein Bedürfnis war, soziale Missstände zu beleuchten und sie in das Licht des öffentlichen Lebens zu stellen. Ich habe unbewußt stets gegen eine Zeit gekämpft, die wohl die meine war, der ich aber immer schon um Jahre voraus war. Ich habe im Schoß meiner Familie sicher ein ruhiges Leben geführt, obwohl ich schwere Jahre des Ringens habe durchmachen müssen, zum großen Teil, weil mein Beruf von meinen Angehörigen nicht anerkannt, nicht ernst genommen und nicht gewertet wurde.

Das hat sich ja später geändert, als ich eine Zeitlang sehr in Mode war. Grundlegend aber erst mit meiner Heirat und mit der Übersiedlung in unser Häuschen hier nach Zehlendorf. Hier spiele ich viel mit meinen Enkeln und meinen Tieren, die ich nicht gerne missen möchte (ich will verraten, dass in meinem letzten Roman „Charlotte von Weiß" meine Katze viel dazu beigetragen hat, einer Figur Betonung zu geben). Augenblicklich arbeite ich an einem historischen Stoff, will mich aber vorerst einige Wochen in San Vigilio erholen und neue Kräfte sammeln. Ich feiere meinen Geburtstag nun in aller Stille fern von der Arbeit, fern von Zehlendorf und meinem Häuschen; und wenn ich in diesen Tagen der Stille an die verflossenen Jahre zurück-denke, dann darf ich sagen, dass die Zeiten der Mühe und Arbeit, aber auch eine lange Zeit der Erfüllung und des Glücks in sich tragen.

Ich bin ein Mensch, der in einer anderen Zeit wurzelt; wenn auch die Jetztzeit an mir nicht spurlos vorübergegangen ist - sie hat mir Verständnis für die Ent-wicklung unserer Zeit gegeben - so ist diese Entwicklung doch zu jäh, zu schnell vor sich gegangen, und ich habe ihr nicht ganz folgen können. Ich bedauere es nicht, denn ich habe immer einer inneren Stimme gehorcht, der Stimme meiner Natur. Mich umkrempeln hieße, dieser Stimme entgegenzuarbeiten, meiner innersten Natur zuwiderhandeln."

Man verlässt diesen Menschen mit vielen Wünschen, denn man ist beglückt von der Aufrichtigkeit, von der tiefen Weisheit, die er ausstrahlt, die in einem Erleben wurzelt, um das man ihn beneiden könnte; man verlässt dieses Haus, diesen blühenden Zaubergarten, die eine so eigene Atmosphäre haben, und trägt diese stille Stunde hinaus in den tosenden Großstadtlärm.

Quelle: H.L., 8 Uhr-Blatt Nürnberg.

Die Dichterin der Eifel

Umrahmt von grünen Baumkulissen breitkroniger Linden und Platanen leuchtet im Sonnenglast die Fassade des Landhauses, das sich die Dichterin Clara Viebig, die am 17. Juli ihren 90. Geburtstag feiern kann, als Ruhesitz am Ende der Großstadt Berlin, in der Zehlendorfer Villenkolonie, erwählt hat. Die heutige Generation kennt kaum den Namen der großen Erzählerin, aber den Menschen, die um die Jahrhundertwende jung waren, war Clara Viebig ein Begriff und die Lektüre ihrer Romane ein Erlebnis, das heute noch, nach zwei Weltkriegen, in der Erinnerung der inzwischen Altgewordenen weiterschwingt.

Das Heim der Dichterin ist ein kleines Schloß „Zeitvorbei“, eine Vision aus jener schon sagenhaften Vergangenheit, als eben die ersten Autos aufkamen, als diese Welt im Bann des Burenkrieges stand. Es ist das Milieu der guten Stube des gepflegten Bürgerhauses, von deren Wänden Gemälde berühmter Meister in breiten Goldrahmen freundlich lächelnd auf dieses Idyll herniedersehen. Gut konserviert, aufrecht und sicheren Ganges tritt mir Clara Viebig entgegen, das noch volle, schöne weiße Haar frisch onduliert. Dem scharf geschnittenen, geistvollgütigen Gesicht merkt man nicht an, dass diese Frau fast ein Jahrhundert hinter sich hat. Man könnte sie eher für Sechzig halten, „Besitzen Sie das Geheimnis des Lebenselixiers?“ fragt der erstaunte Gast. Die alte Dame lächelnd: „Ich lebe ganau nach dem Stundenplan, was dem Geist und dem Körper offenbar recht gut bekommt.“

Und wie teilen Sie den Tag so ein?“ – „Zunächst schlafe ich zwölf Stunden wunderbar und traumlos. Ich esse nicht zu viel, aber gut, und im übrigen vermeide ich Ärger und Aufregung. Es hat ja auch keinen Wert, diese Welt tragisch zu nehmen. Man muss über den Dingen stehen. Das beste Mittel, um alt zu werden und doch jung zu bleiben.“ Ich betrachtete ihr gesundes Gesicht, die klaren, blauen Augen, und ich bin überrascht, dass das Gesicht der Neunzigjährigen straff und frei von Falten und Runzeln ist. „Dazu habe ich noch zehn Jahre Zeit“, erklärt mir zuversichtlich die alte Dame. Und indem sie das Bowlenglas leert – es ist das dritte – meint sie mit genießerischem Schmunzeln: „Es geht doch nichts über die Rebe an Rhein und Mosel.“

Das war das Stichwort: Sie erzählt mir von ihren Romanen, die dort spielen. Erzählt mir von ihrer schriftstellerischen Laufbahn, vom Beginn, da der große Naturalist Emile Zola als glänzendes Vorbild an ihrer Seite gestanden und sie ihm huldigte. Erst nach Jahren hatte sie jene Modeströmung verlassen und überwunden. „Dann erschienen in rascher Folge meine großen Romane ‚Kinder der Eifel‘, ‚Rheinlandstöchter‘, ‚Das tägliche Brot‘, ‚Das schlafende Heer‘, ‚Die Wacht am Rhein‘, ‚Das Kreuz im Venn‘, Ich hatte einen ausgezeichneten Propagandisten und Fürsprecher in meinem Verleger gefunden, den ich heiratete und mit dem ich glücklich wurde. Meine Werke sind in alle Kultursprachen übersetzt. Sie erschienen auch in Japan und in China. Nur die Türkei schloß sich aus."

Einige fünfzig Bücher standen in Reih und Glied in den kleinen Regalen. Ein guter Freund und Verehrer ihrer Muse hatte sie gerettet. Und nun erzählte sie die Odyssee ihrer Leidenszeit, als sie bei Kriegsende noch in ihrem schlesischen Zufluchtsort in der Grafschaft Glatz saß. Auch sie mußte das Schicksal der Millionen

Heimatvertriebener teilen: „Aber es ging mir doch immerhin noch erträglich. Polen und Russen schützten meine Wohnung und behandelten mich mit Achtung und Auszeichnung als ‚Artistenfrau'. Aber das Leben, das ich in meinen Romanen stets realistisch geschildert habe, verlangte nun manches Opfer auch von mir. Mein Geld ging bedenklich zur Neige, und ich mußte bald alles verkaufen: Möbel, Teppiche, den ganzen Schmuck. Dann hatte ich Gelegenheit, heimzukehren. Nach beschwerlicher Reise sah ich in Zehlendorf wieder mein Häuschen, etwas zerschunden und defekt, aber sonst verschont geblieben."

„Und sind Sie nun mit dem Leben zufrieden?" fragte ich. Mit etwas schmerzlicher Miene meinte sie: „Man müßte fünfzig Jahre jünger sein." Als ich ihr zum Abschied die Hand drückte, fragte sie: „Wann sehe ich Sie wieder?" –

„Ich denke im Juli 1960 zum Hundertsten." – „Machen Sie's gnädig", lachte sie, „kommen Sie lieber nächste Woche, am Dienstag. Man weiß ja nie..."

Quelle: Neue Züricher Zeitung

90. Geburtstag Clara Viebigs

Foto: Bundesarchiv

„Alles kam auf mich zu..."

Jedes Kind in Berlin-Zehlendorf kennt die altmodische Zehn-Zimmer-Villa mit dem schönen Garten, in der die Schriftstellerin Clara Viebig wohnt.

„Höchstens zehn Minuten", sagt ihr Sekretär Müller zu jedem Reporter und Photographen, der die Neunzigjährige in diesen Tagen zu ihrem Geburtstag besuchen will. Und dann dauert das Interview mit der gutgelaunten Greisin meistens eine Stunde.

Vor vier Jahren kam Clara Viebig krank, abgerissen und von den Polen ausgewiesen aus dem Glatzer Bergland nach Haus. Jetzt sitzt dem Gast eine scharmante Dame mit weißem Haar und glattem Gesicht gegenüber. Sie macht einen ungewöhnlich rüstigen Eindruck, und das bisschen make-up steht ihr ausgezeichnet.

„Neunzig? Ach, reden wir nicht davon", sagt die Berlinerin aus Trier abwehrend und lächelt noch scharmanter.

Über dem Sofa hängt das Porträt eines reizenden jungen Mädchens. Es hatte viele Kämpfe mit der Frau Mama zu bestehen, die durchaus nicht wollte, dass die Tochter Zeitungsaufsätze und Bücher schrieb. Sie war auch dagegen, dass sie den jüdischen Verleger Cohn heiratete. „Aber da legte sich Fontane ins Mittel und hat alles ins reine gebracht." Fontane war ein Freund des Hauses Viebig und hielt auf Claras Hochzeit die Tischrede.

Für den Romancier des alten Berlin war Schlafen „das größte Vergnügen". Offenbar hat sich Clara daran ein Beispiel genommen. Sie schläft oft bis in den Vormittag hinein. Vielleicht sei das ihr Jungbrunnen, meint sie. Mariechen, der betagte Hausgeist, bringt starken Kaffee und die neueste Illustrierte ans Bett. Jetzt sitzt sie mit am Tisch und erzählt, dass sie alles mitgemacht hat: Ruhm, Gestapo, Bücherverbot und Verschleuderung von Schmuck und Pelzen, damit man nicht verhungerte.

Der Ruhm kam über Nacht nach reichlichen Misserfolgen. „Mir fiel das Schreiben leicht. Alles kam auf mich zu“, erzählt Clara Viebig. Manchmal saß die Sekretärin mit dem Stenogrammblock in der Küche. Zuerst gab es viel Kritik an der „Jüngerin Zolas“, die in „abstoßender Wirklichkeit wühlte“. Doch dann kam die Autorin der „Kinder der Eifel“, des „täglichen Brotes“, des „schlafendenHeeres“ und vieler anderer realistisch-spannender Romane in die Literaturgeschichte.

Über dreißig Viebig-Bücher stehen in Clara Bücherschrank. Sie sind in alle europäische Sprachen übersetzt worden. Mariechen holt die Selbstbiographie heraus. Dann liest die Neunzigjährige ohne Brille und mit klarer, schöner Stimme das erste Kapitel. Die Erinnerung belebt sie so, dass sie manchmal kräftig mit dem Fuß aufstampft. Die Hände zittern ein bisschen, aber die blauen Augen glänzen, Mariechen erzählt, wo die berühmte Autorin früher rezitiert hat. In Paris, in Wien, in Chikago und vielen anderen Städten. Clara selbst hat manches inzwischen vergessen.

Sie erzählt, dass sie jede Woche einen Brief an ihre Freundin Angelika im Rheinland schreibt. Angelika war früher Lehrerin und ist das Urbild der Frau „mit den tausend Kindern“. Jeden Sommer kommt sie einmal nach Zehlendorf zu Besuch. Sonst ist es still geworden in dem großen Haus. Der einzige Sohn, einst ein hoffnungsvoller Komponist, lebt jetzt als Buchhändler in Brasilien.

Jeden Tag sehen die Zehlendorfer die alte Dame in ihrem Garten spazierengehen. Und jeden Abend trinkt sie vor dem Schlafengehen ihre zwei Glas Wermut. Das vergißt sie nie.

Quelle: Norddeutsche Zeitung Hannover 18. Juli 1950

Ernst Viebig
Oberregierungsrat und stellv. Regierungspräsident
in Düsseldorf. † 14. Oktober 1881.
Vater von Clara Viebig

Ernst Viebig
Vater von Clara Viebig

Quelle: Düsseldorfer Heimatblätter XVIII. Jahrgan

Rotwein und Geschreibsel

Theodor Fontane in unbekannten Aufzeichnungen der Dichterin Clara Viebig

Drei Jahre vor seinem Tod lernte Theodor Fontane die damals 35jährige Schriftstellerin Clara Viebig kennen - mit ihren 30 Romanen und acht Novellenbänden später eine der produktivsten Autorinnen der „naturalistischen Generation“. Clara Viebig hatte Fontane ein Manuskript mit eigenen kleinen Erzählungen zugesandt und ihn um ein Urteil gebeten. Daraufhin hatte sie der Dichter im Februar 1895 zum Tee in seine Wohnung in der Potsdamer Straße 134 C eingeladen. In ihren Aufzeichnungen teilt Clara Viebig nicht mit, welche Manuskripte sie Fontane vorgelegt hatte und wie er sich darüber äußerte. Immerhin leitete sich von dieser ersten Begegnung eine die letzten Lebensjahre Fontanes begleitende Beziehung her, deren Zeugnisse interessante Einblicke in die Lebensgewohnheiten und Anschauungen des alternden Fontanes vermitteln. Für die Welt stöberte Dr. Otto von Fisenne die aufschlusreichen Notizen im bisher unveröffentlichen Nachlass Clara Viebigs auf, von deren Tod am 31. Juli 1952 die Öffentlichkeit kaum Notiz genommen hat.

„Frau Fontane öffnete die Türe und führte mich in das Arbeitszimmer ihres Mannes. Theodor Fontane lächelte mich an und bat mich, auf einem Sessel Platz zu nehmen, der seitlich neben seinem Schreibtisch stand, der mit Büchern, Zeitschriften und Korrespondenzen überladen war. Ohne mein Manuskript zu erwähnen, meinte Fontane: Dichtung könne nur dann eine Zukunft haben, wenn ihr Streben darauf gerichtet sei, die Vergangenheit und ihre Meisterwerke mitzuverarbeiten.

Man dürfe aber die im Laufe der Zeit unaufhörlich wechselnden Formen nicht knechtisch nachahmen... Wir unterhielten uns dann ganz allgemein über die Dichter und was das sei, das die Menschen in allen Völkern und zu allen Zeiten dazu getrieben habe und treibe, sich in Kunstwerken auszudrücken und mitzuteilen. „Schön braucht ein Kunstwerk nicht zu sein", bemerkte Fontane. „Was der Mensch macht, wenn es aus dem Grunde seines Wesens und seiner Seele kommt, ist immer nur das Notwendige, gleich ob schön oder nicht. Alles, was ich schrieb", fuhr er fort, „tat ich nur, um einen Abgrund zwischen mir und den anderen Menschen auszufüllen."

Als wir noch ins Gespräch vertieft waren, öffnete sich auf einmal die Türe des Zimmers, und Fontanes Tochter Martha trug einen kleinen fertig gedeckten Tisch herein.

„Mein Vater isst sehr wenig, er kann aber nicht länger als vier Stunden ohne Nahrung sein", sagte sie, indem sie mich freundlich begrüßte. Martha ist nicht gerade hübsch zu nennen. Auch trägt sie das üppige Haar allzu straff geknotet. Aber in ihren Bewegungen liegt Anmut, und mit ihren glänzenden Augen und ihrem zarten Gesicht sieht sie noch wie ein junges Mädchen aus, obwohl sie in meinem Alter sein dürfte..."

Februar 1896

Heute führte mich Martha in das Zimmer ihres Vaters. Sie reichte mir ein Buch und bat mich, mich noch einen Augenblick zu gedulden. Neben dem Sessel, in welchen ich Platz genommen hatte, stand eine alte mit kunstvollen Metallbeschlägen versehene Mahagoni-Vitrine, in welcher hinter Glas verschiedene Kuriositäten aufbewahrt wurden: der Schädel eines Menschen, ein buntes Harlekinfigürchen aus Porzellan, eine alte Apothekerwaage mit Gewichten aus Gold, große silberne Medaillen mit den Porträts von Kaisern und Königen, eine Wasserpfeife aus Bernstein und viele alte Pergamentbände. Während ich den Inhalt der Vitrine noch interessiert musterte, trat Theodor Fontane ein, der seine Mittagsruhe soeben beendet hatte. Er begrüßte mich mit den Worten:

„Lang hingestreckt im Bett habe ich oft die besten Gedanken und auch Einfälle zu meinen Dichtungen gehabt.“ Und Martha ergänzte: „Wenn Vater auf seinem Bett liegt, hält der immer Selbstgespräche. Das ist eine Eigenart von ihm, die meine Mutter und mich manchmal zur Verzweiflung bringt. Auch wenn Vater schreibt, ist jetzt oft eine Unruhe in ihm, die man früher von ihm nicht kannte. Mitten in der Arbeit legt er plötzlich die Feder hin, springt auf, sieht aus dem Fenster oder greift zu irgendeinem Buch und liest ein paar Minuten in ihm. Nach einer solchen kurzen Ablenkung ergreift er wieder die Feder und schreibt weiter, um dann erneut aufzuspringen und die Arbeit zu unterbrechen...“

23. August 1896

Gestern empfing mich Theodor Fontane mit der Bemerkung: „Die Augen schwächen sich, und die Nerven werden noch arroganter: Aber solange ich noch meinen Rotwein vertrage, soll das Geschreibsel fortfahren.“ Dabei machte er lebhafte Bewegungen mit beiden Armen. Ein ungewöhnlich geistreiches Gesicht, lebendiges Wesen, wohlwollender Blick und scharfes akzentuiertes Sprechen!

„Mein Leben ist eine Groteske, Frau Viebig, eine, die niemand schreiben kann, weder ich noch ein anderer“, fuhr er fort. Frau Fontane, die hinzugetreten war, bemühte sich, ihren Mann zu beruhigen. „Du bist ein schlechter Erzähler, Theodor, mündlich, meine ich.“

„Ich stimme dir zu, Emilie“, erwiderte Fontane. „Es ist keine Substanz in dem, was ich sage, und darum kein Tempo, kein Atem, keine Form.“

Anfang Januar 1897

Als ich Theodor Fontane heute besuchte, war vor mir der Zeitungskritiker F. bei ihm gewesen. Fontane war stark erregt, blass, und seine Hände flatterten.

„Die meisten meiner Romane reichen in ihrer Konsequenz in viel frühere Jahre zurück“, polterte er aufgebracht. „Wie lange hatte ich mir selbst Mangel an Produktionsvermögen vorgeworfen. Aber dass das jetzt meine Kritiker tun! Wenn die Menschen sich über mich erbarmen und mich nicht immer wie einen jungen Mann behandeln würden! Sein Name (der des Kritikers) wird mir fortan bitter auf der Zunge schmecken, und ich darf ihn doch nicht einen Lumpen nennen.“

Und dann erging sich Fontane in pessimistischen Betrachtungen über seine finanzielle Lage: „Meine ganzen Ersparnisse, die ich meinen früheren Erfolgen verdanke, dienten mir dazu, um ein paar Jahre in Zurückgezogenheit zu leben, wo ich mich ohne Störung, ohne tagtäglichen Verdruss, ohne die Notwendigkeit lokaler Beziehungen der Vollendung einiger Werke widmen konnte, die Sammlung und geistige Ruhe erheischten. Meine ganze Existenz wird durch solche Kritiker in Gefahr gebracht.“

Dabei hatte Fontane immer einen Teil seiner Einnahmen heimlich für wohltätige Zwecke verwandt, für Berliner Wohltätigkeitsanstalten, für arme Kinder und bedürftige Kunstgenossen.

April 1898

Theodor Fontane leidet unter starken Asthma-Anfällen. Sein Blick war starr, als ich ihm meine Hand reichte. Sein Schlafzimmer ist sehr einfach. Sein Waschtisch steht hinter Bücherregalen versteckt. Das Bett, in dem Fontane durch Kissen im Rücken gestützt lag, war unter Manuskriptseiten, Büchern und Zeitschriften fast verschwunden. Sein Arbeitseifer ist noch immer enorm! Elementare Lust am Schreiben! Wenn Frau Fontane trotz des Verbots ihres Mannes Freunde einlässt, gerät er so außer sich, dass er auf steht und sich einschließt.

5. September 1998

Obwohl Theodor Fontane das Haus nur noch selten alleine verläßt, hatte er auch heute morgen einen Spaziergang zum Friedhof an der Liesenstraße unternommen.

„Wie gegenwärtig erscheint das alles, was doch längst vergangen ist, wenn man so von Grab zu Grab wandert", sagte er am Abend zu Martha.

Meisterlich übt Fontane die seltene Kunst, alt zu werden.

17. September 1898

Vor der Verlobung Marthas mit einem um 22 Jahre älteren Architekten namens Fritsch, der schon zwei Ehen hinter sich hatte, kam es bei Fontanes zu entsetzlichen Auftritten. Martha bekam Schreikrämpfe, worauf Frau Fontane in Ohnmacht fiel, der Länge nach im Zimmer hinschlagend. Theodor Fontane schloss sich tagelang in seinem Arbeitszimmer ein, verweigerte fast jede Nahrung und sprach kaum ein Wort. Als Martha aber unmissverständlich zu verstehen gab, dass sie Fritsch auch gegen den Willen ihrer Eltern zu heiraten gedenke, lenkte Fontane ganz plötzlich ein und richtete für seine Tochter eine schöne Verlobungsfeier aus.

23. September 1898

Theodor Fontane lebt nicht mehr. Bis zu seinem Tode machte er noch Schritte vorwärts. Er zählt zu den großen Wiederentdeckern des Menschen.

Quelle: Die Welt 19.10.1974

Über Polen

... Nicht Ostdeutsche von Geburt ist Clara Viebig. Geboren wurde sie in Trier. Aber ihre Ahnen waren Ostdeutsche, waren Herren von Rittergütern im Posenschen. „Er war ein aufrechter, deutscher Herr, der den polnischen Adelsnachbarn, die vierpferdelang bei ihm vorfuhren, den Besuch erwiderte, mit vier Ochsen vorgespannt“, erzählt die Dichterin von ihrem Urgroßvater. Noch der Vater war längere Zeit Regierungsrat in Posen. Die Mutter, auch eine Posenerin, stammte aus einer Pfarrerfamilie in Schwersenz.

... Bald kam sie dann auch in die Provinz Grenzmark Posen-Westpreußen, ich habe sie in Tirschtiegel an die Grenze führen dürfen, und selten ist jemand so wie sie erschüttert worden.

„Da“ sagt sie selbst, „wurde ich auf einmal wieder erfasst von jenen Jahren, die meine Mädchenjugend dort einst erlebte, in jener Provinz Posen, die nun ihr fruchtbarstes Teil an Polen hat hergeben müssen. Was mich einstmals unbewußt-ahnungsvoll durchschauert hatte, die Sage vom schlafenden Heer, nach der im Lysagora einer sandigen Erhebung - in der völligen Ebene „Berg“ genannt - dreimal hunderttausend Polen schlafend liegen bis ihre Zeit gekommen ist, sie mit Hörnerschall und Trompetenstoß hervorbrechen -

„Noch ist Polen nicht verloren“ - und Polen großmachen, das war nun Wahrheit geworden. Mir haben die Seen bei Tirschtiegel vieles erzählt, an denen vorbei die Tirschtiegler Jugend zog, als die Kämpfe um deutsches Land im Osten tobten. Tapfere Jungen!“ -

Quelle: Herybert Menzel in: Der Gesellige, Schneidemühl, 17.07.1930

Claras Haus um 1900

Claras Haus heute

Foto: Irene Fritsch

Das Haus einer großen Schriftstellerin

An der Zehlendorfer Königstraße, zwischen Polizeirevier und einem alten Bauernhaus, liegt das Grundstück Nummer 3. Das gelb getünchte Haus mit den großen Fenstern hat zur Straßenseite zwei Balkons. Wer genau hinsieht, erkennt am schmiedeeisernen Gitter des rechten Balkons die Initialen "CV". Fast 50 Jahre lang lebte und wirkte hier die Schriftstellerin Clara Cohn-Viebig (1860-1952).

Es ist eine ruhige Straße. Damals, als sie ihren Namen erhielt, wollten die Zehlendorfer Bürger keinen „Weg" im Ortsbereich haben. Darum heißt der von Kohlhasenbrück herkommende Königsweg in seiner Verlängerung von der Wannseebahnbrücke bis nach Zehlendorf-Mitte hinein Königstraße. Holpriges Kopfsteinpflaster verhindert jeden rasanten Durchgangsverkehr. Ein Grund vielleicht, warum künstlerisch tätige Leute hier ein Zuhause suchten. Unter anderem wohnte bis 1933 der amerikanische Maler und Graphiker Lyonel Feininger, Lehrer am „Bauhaus", hier am Paul-Mebes-Park. Und in dem Wohnhaus gleich neben der Schultheiß-Niederlassung verbrachte der Zehlendorfer Schriftsteller Georg Lentz („Molle mit Korn") seine Jugend.

Die längste Zeit ihres arbeitsreichen Lebens arbeitete Clara Viebig in der Königstraße an ihren damals viel beachteten Romanen. 1860 als Tochter eines Beamten in Trier geboren, schrieb Clara Viebig schon mit 13 Jahren Märchen und mit 16 die ersten Erzählungen. Jahr für Jahr schrieb sie einen oder auch zwei Romane. Ihre Bücher sind in alle europäischen Sprachen übersetzt worden, sogar in Chinesisch, und erreichten Millionenauflagen. Zu den vielen Werken der naturalistischen Erzählerin gehören unter anderem „Das Weiberdorf", „Das tägliche Brot", „Das schlafende Heer" und „Einer Mutter Sohn". Ihr besonderes Engagement galt Zeit ihres Lebens den Armen und Unterdrückten.

Als sie in dem Haus an der Königstraße am 17. Juli 1950 ihren 90. Geburtstag feiern konnte, bezeichnete sie sich in aller Bescheidenheit als Schülerin Emile Zolas. Sie sagte auch, dass sie selbst eigentlich nie ganz zufrieden war mit ihren Arbeiten, höchstens mit dem Roman vom Schinderhannes „Unter dem Freiheitsbaum".

Clara Viebig war von 1896 bis 1933 mit dem Vorstandsmitglied der Deutschen Verlagsanstalt Cohn verheiratet. Die Tischrede bei ihrer Hochzeit hielt kein geringerer als Theodor Fontane. Als die Nazis nach 1933 von ihr verlangten, sie solle an verschiedenen Stellen ihrer Literatur Veränderungen vornehmen, lehnte sie das ganz entschieden ab.

Wie der Chronist Dr. Trumpa zu erzählen weiß, fühlte die Autorin sich im ruhigen Zehlendorf sehr wohl, besonders wenn sie auf dem Wochenmarkt am ehemaligen „Kaiserhof" mit den märkischen Bauern schwatzen konnte. Auch an musischen Abenden, wie sie zum Beispiel im Haus des Gemeinderates von Seefeld in der Knesebeckstraße abgehalten wurden, nahm sie oft teil.

Die humorvolle Frau hat in ihren Romanen oft über die Arbeit und Treue von Dienstmädchen geschrieben, vielleicht hatte sie dabei immer ihr Dienstmädchen Mariechen im Auge, das in stiller Zurückhaltung das Haus in Ordnung hielt - auch eine Zehlendorferin übrigens. In den mageren Jahren nach dem letzten Krieg waren die beiden gezwungen, viele von ihren Wert-sachen zu verkaufen, um über die Runden zu kommen.

Heute wird das gut erhaltene Haus von einer Studentenverbindung genutzt. Ob die jungen Leute wohl manchmal über die frühere berühmte Hausbewohnerin nachdenken? Soviel ich feststellen konnte, kaum einmal.

Quelle: Horst Kammrad,Zehlendorfer Volksblatt, 27.8.1998,

Krankenhilfe auf dem "Rosengarten", nach der Erzählung von Clara Viebig
Federzeichnung von Robert Maasswinkel

Clara Viebig und die Gemeinde Manderfeld

Ein Briefwechsel

Im Jahre 1960 hätte die bekannte Schriftstellerin Clara Viebig ihren 100. Geburtstag feiern können. Sie wurde am 17. Juli 1860 in Trier geboren, verbrachte den größten Teil ihrer Jugend jedoch in Düsseldorf und auf einem Gute ihrer Verwandten in der Provinz Posen. 1883 zog sie nach Berlin und ließ sich zunächst in Gesang ausbilden. Seit 1885 war sie schriftstellerisch tätig. Clara Viebig wurde eine der bedeutendsten Schriftstellerinnen des deutschen Naturalismus, vor allem in der Darstellung der ihr vertrauten Landschaften der Eifel und darüber hinaus des Rheinlandes, aber auch Berlin und der Provinz Posen. Ihren ersten Roman „Kinder der Eifel“ (1897), der ihren Ruf begründete, folgten bald „Das Weiberdorf“ (1900), als Kulturbild aus dem deutschen Osten „Das schlafende Heer“ (1904) und „Das Kreuz im Venn“ (1908). Ihr weiteres schriftstellerisches Schaffen brachte die Werke „Die vor den Toren“ (1910), „Töchter der Hekuba“ (1920), „Die mit den 1000 Kindern“ (1928), „Menschen unter Zwang“ (1932), „Insel der Hof-fnung“ (1933) und „Der Vielgeliebte und die Vielgehaßte“ (1935). Ihr letztes großes Werk war der Altberliner Roman „Das tägliche Brot“, mit dem sie ein realistisches Großstadtbild zeichnete. Eine Auswahl ihrer Werke wurde 1922 in acht Bänden herausgegeben. Die Schriftstellerin, deren Romane nicht immer ohne Diskussion hingenommen wurden, starb am 31. Juli 1952 in Berlin-Zehlendorf. Schon zu einer Zeit, da das Schrifttum über die Eifel noch spärlich war, machte sie dieses herrliche Bergland Deutschlands durch ihre schriftstellerische Tätigkeit bekannt. Auch heute noch lesen sich ihre Erzählungen und Romane gut, wenngleich sich manches gewandelt hat und viele ihrer Schilderungen nur aus ihrer Zeit zu verstehen sind.

Zum Gedenken an Clara Viebig anläßlich ihres 100. Geburtstages möchten wir an ein für die Gemeinde Manderfeld bedeutendes Ereignis erinnern, mit dem die Schriftstellerin eng verbunden war. Sie selbst schildert diese Begebenheit in einem Brief, den sie am 1. Mai 1929 anläßlich eines Jubiläums von Geheimrat Dr. Kaufmann, langjähriger Vorsitzender des Eifelvereins, dem Jubilar zu Ehren schrieb. Geheimrat Dr. Kaufmann war von 1899 bis 1907 Landrat des Kreises Malmedy.

Clara Viebig, Dr. Kaufmann und der damalige Bürgermeister Sieberath aus Manderfeld hatten ihre Kräfte vereint, um Manderfeld ein Krankenhaus zu schenken. Auf welche Art und Weise? Clara Viebig erzählt es selbst in ihrem Briefe vom 1. Mai 1929:

„Als ich 1904 in meiner geliebten Eifel die Sommermonate zubrachte, und zwar wie schon seit mehreren Jahren oben im Venn, in dem eigenartigen Kalterherberg, der Urstätte von Dorf Heckenbroich in meinem Roman „Das Kreuz im Venn“, erhielt ich eines Tages folgenden Brief des Landrats aus Malmedy:

„Ihr oft bewiesenes Interesse für die Eifel veranlasst mich zu einer Bitte, durch deren Gewährung sie die Not vieler ärmster Bewohner der Schneeifel lindern würden. Die Gemeinde Manderfeld, am Fuß der Schneeifel weltfern gelegen, ist in den letzten Jahren schwer von Typhus heimgesucht worden, der, der an sich schon schwach bevölkerten Gegend tiefe Wunden geschlagen hat.“

Und nun die Bitte! Da der Bau eines Krankenhauses und die Herbeiziehung von Schwestern, die auch in den

Wohnungen Erkrankte hygienisch besser besorgten, durchaus nötig war, die Mittel aber dazu fehlten, sollte ich durch einen in einer Zeitung veröffentlichten, darauf hinweisenden Aufruf das allgemeine Interesse darauf lenken.

Die Idee war gut, aber wie sie gestalten? Gebettelt wird so oft und so viel, betteln durfte man nicht. Ich fuhr nach Malmedy und traf dort, im Hause des um das Wohl der Seinen lebhaft besorgten, noch jugendlichen Vaters des Kreises, den Bürgermeister Sieberath aus Manderfeld. Der etwas asthmatische, rührende Mann schwitzte vor Aufregung und Herzeleid, als er mir den Jammer in seinem Manderfeld klarlegte. Er bat mich, mir die Zustände dort einmal anzusehen.

Als ich an einem heißen Sommertag - wer weiß, wie der im schattenlosen Venn glühn kann? - nach dort fuhr, war es mir recht ungemütlich im Sinn. Eine lange ermüdende Fahrt, und nur der, der die Eifel so liebt, wie ich, konnte sie reizvoll finden. Manderfeld selbst, ein Dorf mit meist ärmlichen Häusern, an trübschleichenden, braunen Abschlüssen der Schneifel; keine Wasserleitung, nur Brunnen, die aus diesen Abflüssen gespeist werden. Ein Ort, wie auserlesen für den Typhus, um darin zu nisten, trotz des poetischen Namens, mit dem ein Teil des Dorfes „Auf dem Rosengarten“ sich benennt.

Schwerer Gedanken voll fuhr ich wieder den langen, langen ermüdenden Weg zurück. Bei jedem Stoß des Wagens auf rumpligem, schlechtem Karrenweg gab es mir einen Stoß ins Herz, ich wollte ja so gern helfen, aber wie?! Mir war‘s, als müßte ich die Hände falten.

Da war es wiederum der gütige Vater des Kreises, der Landrat Kaufmann in Malmedy, der mir die glückliche

Idee eingab: nein, nicht betteln, sondern in novellistischer Form, denn etwas Belletristisches wird ja vom Publikum immer gelesen, die Aufmerksamkeit anregen!

Und siehe, es gelang! Die Kölnische Zeitung hat die Skizze „Auf dem Rosengarten“ abgedruckt, und es regnete Gaben. Auch unser damaliger Kronprinz, zu jener Zeit glücklicher Bräutigam, sandte 1000 Mark; besonders dankbar aber gedenke ich der der Stadt Düren, die, um mir eine Weihnachtsfreude zu bereiten, wie der dortige Bürgermeister schrieb, zum Weihnachtsabend 1.700 Mark anwies. Und so viele, viele Gaben von gerührten guten Menschen.

Es eine glückliche Zeit. Glücklich für Manderfeld - Krankenhaus und Wasserleitung wurden bald gebaut -, glücklich für mich, am glücklichsten aber für jenen Mann, der so viel für das Wohl seiner Ärmsten sorgte, für den Landrat Dr. Kaufmann in Malmedy.“

Berlin-Zehlendorf
Clara Viebig

Die Kölnische Zeitung veröffentlichte am 18. September 1904 die Skizze „Auf dem Rosengarten“ von Clara Viebig (Gemeindechronik Manderfeld), die so beginnt:

„Über Manderfeld brütete schwüler Sommer. Das arme Dorf spürte jetzt nichts von dem Wind, der zur Frühlings-, Herbst- und Winterszeit vom Höhenrücken messerscharf niedersaust, die ängstlich geduckten Hütten umschnaubt und auf seinen starken Fittigen schwere weiße Last herabträgt: die gefürchteten Grüße der Schnee-Eifel. Heuer lag selbst droben die Schneifel sommerglühend, kein Bächlein stahl sich von ihr hinab zu den schmachtenden Wiesen und zum welkenden Kartoffelacker. Und der Himmel so stählern blau, kein milder Regen in Aussicht, der die Kartoffeln, die eisigen Nächte nach glühheißen Tagen dick bereiften..."

Quelle: René Maus

Clara Viebig

Briefwechsel mit einer deutschen Dichterin

mit der ersten Klasse der Mathilden-Mittelschule in Nordhausen

Nordhausen, den 27.08.1930

Sehr verehrte Schriftstellerin!

Zu Ihrem 70. Geburtstag erlauben wir uns, Ihnen nachträglich unseren herzlichsten Glückwunsch zu senden. Möge der Herr Ihnen noch lange Jahre reichen Schaffens geben!

Sehr verehrte Schriftstellerin, wir können Ihnen versichern, daß wir begeisterte Leserinnen Ihrer Werke sind. Denn aus ihnen spricht die wahre echte Heimatliebe. Hätten wir viele solcher Heimatdichter, ich glaube nicht, daß es so schlecht mit unserem armen deutschen Vaterlande stände, denn aus ihren Schriften lernt man erst verstehen, was es heißt, eine Heimat zu besitzen. Auch haben uns die wundervollen Naturschilderungen der Eifel sehr gefesselt, und das Geschick dieser schlichten Menschen hat einen tiefen Eindruck auf uns gemacht.

Sehr verehrte Dichterin, eine Ihnen wohl merkwürdig erscheinende Bitte führt uns zu Ihnen. Wir haben kürzlich in der Schule Ihre „Geschichten aus der Eifel“ gelesen und besprochen. Da ist uns bei der Geschichte: „Margrets Wallfahrt“ aufgefallen, dass der Schluss eigentlich recht unbefriedigend ist. Wir haben dieses und jenes erwogen, was Sie, sehr verehrte Dichterin, veranlasst hat, über eine Besserung im Befinden der Mutter am Schluss zu schweigen. Da ist uns der Gedanke gekommen, dass sie wahrscheinlich aus feinfühlender Vornehmheit unsere Teilnahme an dem Geschick des

Mädchens und seiner Mutter und unser Gerechtigkeitsgefühl nicht verletzen wollen. Nun wagen wir es, Sie von ganzem Herzen zu bitten, uns doch den wahren Grund anzugeben, weshalb Sie uns über diesen Punkt nicht aufklären.

Wir danken Ihnen herzlich für die genussreichen Stunden, die uns das Lesen Ihrer Werke bereitet hat.

In der Hoffnung, Ihnen mit unserer Bitte nicht lästig zu fallen, grüßt Sie im Namen der ersten Klasse der Mathilden-Mittelschule

Anna Jünemann

Clara Viebig antwortet

Berlin-Zehlendorf, den 30. August 1930

Fräulein Anna Jünemann,Schülerin der ersten Klasse der Mathilden-Mittelschule, Nordhausen

Liebes Fräulein!

Für Ihre und Ihrer Mitschülerinnen freundliche Glückwünsche zu meinem verflossenen Geburtstag danke ich Ihnen herzlich. Ich freue mich, dass auch die Jugend meiner gern gedenkt und an meinen Werken so viel Interesse zeigt, wie aus Ihrem Brief spricht.

Das Geheimnis, das Sie nicht ergründen können, warum ich nichts darüber sage, ob die Mutter gesund wird, ist allerdings nicht leicht zu lösen. Seine Lösung lautet nämlich: „Aus künstlerischen Gründen!" Für die Geschichte, die ich erzählen will und die eigentlich nur die der kleinen Margarete ist, der ihr frommer kindlicher Glaube zu einem lieben Mann verhilft, ist es völlig nebensächlich, ob die Mutter den Rheumatismus noch ein paar Jahre hat oder vorübergehend - meinetwegen durch die Wundertätigkeit des heiligen Rockes - verliert. Künstlerisch würde es aber ein Fehler sein, mehr zu sagen, als notwendig ist. In der Beschränkung zeigt sich ja, wie Ihr wisst, der Meister. Man muss der Phantasie des Lesers etwas überlassen, der sich das ihm nicht Gesagte ausdenken kann, wie es ihm am liebsten ist. Auch im wirklichen Leben steht hinter allem ein großes Fragezeichen.

Seid allesamt herzlichst gegrüßt von

Eurer
Clara Viebig.

Quelle: Clara Viebig im Spiegel der Presse

Zum Thema „Eifersucht“

„Das müssen laue Ehen sein, die keine Eifersucht kennen!“

„Wie stellt sich die heutige Generation zur Eifersucht?“

Die bekannte Dichterin, hat folgende Meinung:
„Ob Eifersucht noch modern ist? Die gute alte Eifersucht, sie hat schon so viele Moden überlebt, sie wird auch die heutige überstehen. Lassen sie sich von mir sagen: Eifersucht ist immer modern, wird es immer sein und ist es immer gewesen. Ich bin überzeugt, dass schon Eva eifersüchtig war, vorausgesetzt, dass sie Adam wirklich liebte. Sie wusste nur nicht recht auf wen. Nicht eifersüchtig sein war nie Mode. Mode ist nur ab und zu, die Eifersucht zu - leugnen.

Wer, wie ich, viel in der Natur lebt, und die Tiere beobachtet, der weiß, dass die Eifersucht keineswegs der Krone der Schöpfung, dem Menschen, allein vorbehalten ist. Auch die Tiere sind eifersüchtig, nein, ich meine nicht nur den Futterneid, richtige erotische Eifersucht gibt es bei ihnen. Beobachten Sie nur, wenn sich ein Spatzen- oder Meisengalan einer vorehelichen Spatzen- oder Meisendame zu nähern sucht. Ich habe mehr als einmal gesehen, wie der wütende „Ehemann“ den Störenfried seines Eheglücks getötet hat.

Weshalb ich diese kleinen Beispiele anführe? Weil sie zeigen, dass das Eifersuchtsgefühl aus der Natur kommt, und deshalb kein „modernes“ und kein „altmodisches“, sondern ein ewiges Gefühl ist. Gewiss, die Frauen sind heute selbständig und haben ihren Beruf; das finde ich schön und richtig. Aber an den Grundbeziehungen der Geschlechter ändert das wenig: Arbeit schützt nicht vor Eifersucht, Zeit und Anlaß dazu findet sich auch im beschäftigtsten Leben.

Was ich von den modernen kameradschaftlichen Ehen der jungen Leute halte, die jeden Gedanken an Eifersucht mit Entrüstung zurückweisen? Ich kann nur sagen, daß müssen laue Ehen sein, in denen sich die Menschen schon von allem Anfang an gleichgültig sind: es gibt keine große Liebe ohne Eifersucht; denn der wirklich Liebende will den geliebten Menschen ja ganz besitzen. Der Verstand macht wohl Konzessionen und räumt auch der Umwelt kleine Rechte auf die geliebte Person ein. Wenn es aber ernste Rechte zu werden drohen, dann zeigt sich, dass die modernen kühlen Ehen weit weniger kühl und modern sind, als man es - theoretisch - vereinbart hat. Dann bricht nämlich durch alle Erziehung, die heute glücklicherweise die kleinliche, nichtige und unbegründete Eifersucht ziemlich zum Verschwinden gebracht hat, der natürliche Trieb des Besitzwillens durch.

Nicht mehr modern? Schon die Tragödien, durch die wir ‚Modernen‘ täglich in den Zeitungsberichten erschreckt werden, beweisen uns die Ewigkeit der Eifersucht mehr, als uns lieb ist.“

Quelle: Wiesbadener Zeitung vom 22. August 1930

Veröffentlichungen der Clara-Viebig-Gesellschaft

- **Clara Viebig im Spiegel der Presse**
  Hrsg. Christel Aretz

- **Clara Viebig - Mein Leben**
  Autobiografische Skizzen
  Hrsg. Christel Aretz

- **Beiträge und Materialien**
  Heft 1: Der Pündericher Jusep
  Heft 2: Hinter Mauern/Eine Zuflucht
  Heft 3: Ein Weihnachtsabend/
  Ein Winter ohne Schnee
  Heft 4: Das Ei der Sommer/
  Schwarze Seele

Anschrift

Clara-Viebig-Gesellschaft e.V., Bad Bertrich
Präsident: Studiendirektor a.D. Manfred Aretz

Postanschrift: Gassenflur 7, 54538 Hontheim
Telefon: (02674) 91 09 12
Fax: (02674) 91 09 13
Email: eifelbuch@t-online.de
www. clara-viebig-gesellschaft.de